• 일러두기

이 책에는 어린이들이 읽고 이해하기 편하도록 《맹자》의 문장을 다듬어 실었습니다.

열 살, 맹자를 만나다

지은이 **최이정** | 그린이 **김기린**

작가의 말

더불어 살아가는 즐거움을 일깨워 주는 책

공자가 죽고 100여 년 뒤인 기원전 372년에 맹자가 태어났습니다. 맹자는 아버지를 일찍 여위어 어머니가 홀로 키웠습니다. 집안도 넉넉하지 않았고 높은 벼슬을 하지도 못했지만 맹자는 어느 나라의 왕을 만나도 늘 당당했습니다. 여러분이 익히 알고 있는 맹자의 어머니가 세 번 이사했다는 '맹모삼천지교'나, 학문을 그만두고 집으로 돌아온 맹자를 보고 짜고 있던 베틀의 실을 잘라 내 버린 어머니의 단호함이 맹자에게 영향을 준 것이 분명해 보입니다.

《맹자》는 맹자와 제자들의 어록을 엮은 책입니다. 유교 사상을 공부하던 조선 시대의 선비들은 《맹자》를 많이 읽었습니다. 그렇다고 이 책이 옛날 사람들에게만 도움이 되는 것은 아닙니다. 책을 읽는 여러분과 저에게도 살아가면서 어려운 일이 닥치거나 사람 사이의 관계 때문에 힘든 시기가 올 수 있습니다. 그때 해답을 얻고 어려움을 헤쳐 나가기를 원한다면 《맹자》에서 길을 찾을 수 있을 거라 생각합니다.

　책 속에도 썼지만 시인 윤동주는 맹자의 '군자삼락'을 좋아했다고 합니다. 저도 이 부분이 좋습니다. 그래서 저의 세 가지 즐거움을 살짝 알려 드리자면, 가족과 제가 건강한 게 첫 번째 즐거움입니다. 책을 읽고 글을 쓰는 게 두 번째 즐거움이며, 제가 쓴 책을 읽은 독자들과 이야기를 나누는 게 세 번째 즐거움이랍니다. 자, 이제 여러분의 세 가지 즐거움도 귀띔해 줄래요? 단, 이 책을 읽은 다음 잘 생각해 보고 말이에요.

　《열 살, 맹자를 만나다》를 읽고 고전은 재미없고 어렵다는 편견이 깨졌으면 합니다. 나아가 여러분이 친구와 이야기할 때 맹자의 말씀을 인용하는 날이 온다면, 이 책을 쓰느라 어렵고 힘들었던 제 마음도 싹 날아갈 거라 생각합니다.

맹자처럼 당당하게
최이정

차례

작가의 말 4

1장 우리들의 꿈
예진이의 꿈 10
기업가를 꿈꾸는 호승이 15
선행 꿈 수업 21

2장 요양원 봉사 활동
늘 처음은 설레 30
변덕 할아버지 36
이만하면 충분해 43
웃음이 사라진 요양원 49
맹자 할머니의 눈 수술 56

3장 무료 공연
스스로 지원 64
그건 재미없어! 70
좋은 마음 찾기 76
고객의 마음을 먼저 알아야 해! 81

4장 맹자와 어머니
맹자 할머니의 강의 88
참고 기다리면 돼 96
세 가지 즐거움 102

5장 공연 중단 위기
뜻밖의 전학 108
소리가 나오지 않아 112
받아들이는 연습 116
변덕 할아버지가 위험해! 121
정말로 괜찮아지고 있어 126

6장 짜릿한 성공
함박웃음 134
우물은 끝까지 파야 한다 139
진정한 기업가 정신 148

1장
우리들의 꿈

예진이의 꿈

국어 시간이 거의 끝나 갈 무렵, 선생님이 밝은 목소리로 말했다.

"여러분, 지난번 써낸 장래 희망 글짓기 중에서 예진이가 쓴 글이 참 좋았어요. 예진이가 직접 읽어 주면 좋을 것 같네요."

선생님이 예진이를 바라보았다.

"예진아, 나와서 읽어 줄래?"

"네."

아이들은 책상을 두드리며 환호성을 질렀다. 예진이는 앞으로 나가서 떨리는 목소리로 천천히 글을 읽어 내려갔다.

"······따라서 몸이 편찮으시고 생활이 어려운 할머니, 할아버지들을 도와주는 인정미 사회복지사는 제가 가장 존경하는 엄마이자 미래의 선배님입니다. 저도 엄마를 따라 꼭 사회복지사가 될 것입니다."

마지막 문장을 마치자 모든 아이들이 미소를 지으며 손뼉을 쳤다. 예진이는 얼굴을 붉히며 고개를 숙였다. 그 모습을 본 호승이는 심장이 간질간질했다. 예진이를 똑바로 볼 수가 없었다.

"그래, 예진아. 수고했어."

선생님이 예진이의 장래 희망에 대한 이야기를 다시 시작했다.

"사회복지사가 되기 위해 어머니가 일하시는 요양원에서 할머니, 할아버지에게 책을 읽어 드리는 예진이가 참 기특하죠?"

"완전요!"

"대단해요!"

아이들이 요란스럽게 대답했다.

"예진이는 어머니 덕분에 '선행 꿈 수업'을 하고 있는 거죠. 여러분 중에는 아직 커서 무슨 일을 하고 싶은지 생각나지 않는 친구들도 많지요? 그럴 때는 이것저것 해 보는 거예요. 내가 무엇을 할 때 가장 행복하고 성격에 맞는지 말이에요. 책상 앞에서만 골똘히 생각한다고 답이 나오는 건 아니랍니다. 때로는 몸으로 직접 부딪혀 보는 것도 하나의 방법이에요."

선생님의 말이 끝나자마자 쉬는 시간 종이 울렸다.

여자아이들이 예진이에게 몰려들었다. 언제부터 봉사 활동을 했는지, 힘든 일은 없는지 이런저런 질문들이 쏟아졌다.

호승이는 책을 읽어 주는 예진이의 모습을 머릿속으로 상상했다. 피식피식 웃음이 새 나왔다. 그때 세호가 다가와 호승이의 어깨를 탁 쳤다. 호승이가 미간을 찌푸리며 돌아봤다.

"뭐야! 깜짝 놀랐잖아."

"무슨 생각을 그렇게 하냐? 불러도 모르고."

"왜!"

"오늘 일찍 끝나는데 남아서 축구하고 갈래? 준성이도 바이올린 선생님이 오지 않는다고 해서 시간 있다는데."

축구라면 사족을 못 쓰는 호승이었지만 어쩐지 오늘은 그러고 싶지 않았다.

"내일 하자. 오늘 갈 곳이 있어."

"어디? 야, 네가 빠지면 재미없는데. 그럼 나도 거기 따라갈래!"

"됐거든! 너 따라오기만 해 봐!"

호승이가 실눈을 뜨며 주먹을 세호에게 내밀었다. 세호가 그 주먹을 양손으로 붙잡으며 말했다.

"에이, 그럼 나도 집에 가서 '미래 트로트 가수 시즌 1' 유튜브나 봐야겠다. 시즌 2에는 나도 꼭 나가고 말 테니까. 예진이보다 내 장래 희망이 더 멋진데, 선생님은 왜 나에게 읽어 보라고 안 하셨을까?"

"뭐가 더 멋지냐?"

호승이가 버럭 소리를 질렀다.

"야, 손호승! 그렇다고 소리를 지를 것까지 있냐?"

"아니, 난 네가 사회복지사를 무시하는 것 같아서 그런 거지."

"내가 언제 무시했냐? 뭐야. 너, 쫌 수상하다?"

"뭐래."

호승이는 얼굴이 달아올라 급하게 교실 밖으로 나와 버렸다. 예진이에 대한 속마음을 들킬까 봐 심장이 빠르게 뛰었다.

기업가를 꿈꾸는
호승이

호승이는 교문 밖으로 나왔다. 세호와 준성이가 따라오지는 않았다. 무작정 예진이 엄마가 일하는 요양원으로 향했다.

예진이는 매주 월요일과 수요일에 들른다고 했다. 오늘이 수요일이니까 어쩌면 근처에서 예진이를 만날지도 모른다는 생각이 들었다.

그때 누군가 부르는 소리가 들렸다. 뒤를 돌아보자 몸집이 크고 선글라스를 낀 할아버지가 휠체어에 앉아 호승이를 올려다보고 있었다.

"허허, 무엇에 정신이 팔려 불러도 모르는 거냐?"

"아, 왜요?"

"어른이 불렀는데 '왜요?'라니?"

"그러니까 왜 부르신 거냐고요?"

"휠체어 좀 밀어 봐."

호승이는 할아버지의 당당함에 말문이 막혔다. 싫다고 할까 하다가 꾹 참고 휠체어 뒤에 섰다.

"요양원 4층으로 가자."

"네? 아, 네."

어이가 없었지만 요양원으로 들어갈 수 있는 좋은 방법이다 싶어서 휠체어를 힘껏 밀었다.

"윽!"

"왜 그래?"

"휠체어가 잘 안 움직여요."

"힘이 없나 보구나."

"할아버지가 무거운 거죠."

할아버지는 헛기침을 한 번 하고 더는 대꾸하지 않았다. 호승이는 낑낑대며 휠체어를 밀어 요양원 안으로 들어섰다. 그리고 엘리베이터에 탄 다음, 할아버지가 말한 4층으로 올라갔다.

"이제 됐죠?"

"싫다고 도망가지 않았으니 상이라도 줘야겠군. 내 방으로 가자."

할아버지는 이사장실을 가리켰다. 방 안에는 커다란 책상과 넓은 소파가 놓여 있었다. 책꽂이에 책도 빼곡히 꽂혀 있었는데 책상 위에는 똑같은 책이 여러 권 쌓여 있었다.

'저건 예진이가 가지고 다니던 책이네. 무슨 책이 저렇게 많지? 이 할아버지가 책도 파나?'

"거기 앉아라. 몇 학년이지?"

호승이는 얼결에 소파에 앉았다.

"3학년이요. 근데 실내에서도 선글라스를 쓰세요?"

"내가 한쪽 눈을 실명했어."

"앗! 죄송해요."

"괜찮아. 묻는 건 자유니까. 그건 그렇고 이름이 뭐니?"

"호승이요. 손호승."

"혹시 박예진이라고 아나?"

호승이의 심장이 덜컹 내려앉았다.

"네, 같은 반이에요."

"그렇구나. 역시!"

할아버지는 예진이가 가지고 다니던 책 한 권을 호승이에게 건넸다.

"이건 휠체어를 밀어 준 보답이다."

표지에는 옛날 중국 사람의 얼굴이 그려져 있었다. 책 제목은 《어린이 맹자》였다.

"내 친구가 이곳 2층에 들어와 있는데, 별명이 '맹자 할머니'야. 그 친구가 맹자를 좋아해서 직원들도 다 맹자 책을 읽고 있어. 그리고 이번 어린이날에는 직원 자녀들에게 《어린이 맹자》를 한 권씩 선물했지. 그때 남은 책이야. 예진이는 이걸 읽고 또 읽는다고 하더구나."

호승이는 고개를 끄덕였다. 무슨 책인지는 몰랐지만 붉은색 표지가 늘 눈에 띄었다.

"자, 그럼 이제 가 보렴."

"네? 네."

호승이가 책을 들고 일어나면서 물었다.

"할아버지가 여기 이사장님이신 거죠?"

"그래. 그런데?"

"저도 여기에서 봉사 활동 하면 안 되나요?"

할아버지는 호승이를 뚫어져라 보았다.

"예진이는 사회복지사가 되겠다고 자원봉사를 하잖아요. 저는 기업가가 되고 싶은데 이런 요양원은 어떻게 운영되는지 알고 싶어요."

호승이의 말을 듣고 한동안 생각에 잠겼던 할아버지가 입을 열었다.
"너는 꼭 《맹자》를 읽은 사람 같구나! 맹자에는 이런 말이 있지."

길은 가까이에 있는데 헛되이 먼 곳을 찾고 있다.
일은 해 보면 쉬운 것이다. 시작을 하지 않고
미리 어렵게만 생각하고 있기에 놓쳐 버리는 경우가 많다.

"호승이 네가 휠체어를 군소리 없이 밀어 줬으니 나도 뭔가를 보답해야겠지. 밖에 이야기해 놓을 테니 네가 할 수 있는 일을 해 보렴. 맹자가 그러셨지. 착실히 공부하고 앞으로 나아가라고 말이다. 기업가가 되려면 뭐가 필요할지 미리 경험해 보는 것도 나쁘지 않겠구나."

흐르는 물은 빈 웅덩이를 채우지 않고는 나아가지 않는다.
군자가 도를 추구함에 있어서도
일정한 성취를 이루지 않으면 목표에 도달하지 않는다.

선행 꿈 수업

요양원에서 나온 호승이는 뜻밖의 결과에 발걸음이 가벼웠다. 여기서 봉사 활동을 할 수 있으리라고는 생각지도 못했는데 운이 좋았다.

그때 맞은편에서 예진이가 걸어오는 것이 보였다.

"어? 손호승! 너 여기는 어쩐 일이야?"

예진이가 먼저 호승이를 알아보고 알은척을 했다. 호승이는 두근거리는 마음을 다잡고 대답했다.

"오늘 선생님이 그러셨잖아. 꿈이 있으면 직접 부딪혀 보는 것도 방법이라고. 나도 여기서 봉사 활동 하면서 기업가의 꿈을 키워 볼 거야."

"정말? 누구 아는 사람 있었던 거야?"

"아니. 잘 아는 사람은 아니고, 앞으로 알게 될 사람."

"와, 잘됐다. 요일은 정했어?"

"그게, 내가 월요일하고 수요일밖에 시간이 안 돼서……."

그러자 예진이가 팔짝팔짝 뛰었다.

"나랑 같은 날이네. 그럼 다음 주 월요일부터 만나겠다."

"그래?"

호승이가 몰랐다는 듯 대꾸했다. 사실 이사장실 비서 누나에게 먼저 월요일하고 수요일밖에 시간이 없다고 말해 두긴 했다.

"그럼, 잘 가. 나는 할머니, 할아버지 저녁 드시기 전까지 봉사 활동 해야 해서 먼저 갈게."

예진이가 깡충깡충 뛰어갔다. 예진이의 뒷모습이 토끼처럼 귀여웠다.

호승이는 부모님이 퇴근하기만을 손꼽아 기다렸다. 엄마와 아빠가 돌아온 뒤 마주 앉은 식탁에서 호승이는 담임선생님의 말씀과 요양원에서 있었던 일을 이야기했다.

"나는 아빠처럼 사업을 하고 싶어. 그래서 미리 공부해 보려고 자원 봉사 신청한 거야."

아빠가 크게 머리를 주억거렸다.

"그거 좋다! 아직 어린아이인 줄만 알았는데 다시 봐야겠는걸!"

아빠와 달리 엄마는 걱정스런 얼굴이었다.

"괜히 가서 일하시는 분들에게 폐만 끼치는 거 아니니? 가뜩이나 편찮은 어르신들이 많을 텐데 말이야."

"엄마, 선생님이 부딪혀 보라고 하셨어. 예의 바르게 행동할게. 꾀도 안 부리고 열심히 할 거야. 일단 해 볼게. 응?"

호승이의 말에 엄마는 더 말리지 않았다. 맞벌이를 하는 엄마, 아빠는 자기 관리를 잘하는 호승이를 늘 듬직하게 여겼다.

다음 날, 급식 시간이었다. 호승이는 가장 친한 세호와 준성이에게 요양원에서 봉사 활동을 하게 됐다고 털어놨다.

"우리 빼고 어제 급하게 간 곳이 요양원이었어?"

세호가 입술을 삐죽였다.

"근데 참 희한하다. 어떻게 예진이랑 같은 요양원이냐?"

"우연히 지나가다가 그런 거라니까."

호승이는 다시 한번 강조했다.

"와! 그쪽으로 걸어가고 있는데 웬 할아버지를 만나서 휠체어를 밀어 드리고, 봉사 활동 자리를 얻었다고?"

"그렇다니까!"

세호가 계속해서 묻자 호승이의 목소리가 커졌다.

"그만해, 세호야. 좋은 일 한다잖아. 나도 하고 싶은데 엄마가 허락하지 않으실 거야. 바이올린 연습해야 한다고 말이지."

준성이는 호승이가 부러운 듯했다.

"됐고. 그럼 그 할아버지한테 말해서 내 자리도 마련해 줘."

세호의 말에 호승이가 짧게 한숨을 쉬었다.

"나도 겨우 얻었고 아직 시작도 안 했는데, 벌써 네 자리까지 어떻게 말하냐?"

"좋아. 그럼 나도 요양원 할아버지 만나서 떼쓸 거야."

"너 봉사 활동 같은 거 관심 없었잖아!"

"그래, 맞아. 그렇지만 선생님이 그러셨잖아. 일단 부딪혀 보라고."

호승이는 고개를 절레절레 흔들었다.

"백지장도 맞들면 낫다니까 같이 하자, 호승아."

"몰라, 몰라. 네가 가서 허락을 받든 말든 알아서 해."

수업이 끝나고 세호는 끝내 호승이와 같이 요양원으로 향했다. 두 사람은 4층 이사장실 앞에 섰다. 비서 누나가 이사장실에서 나오다가

두 사람을 보고 안으로 안내했다.

"다음 주 월요일에 온다고 들었는데?"

이사장 할아버지가 놀란 얼굴로 물었다. 호승이가 눈짓을 하자 세호가 앞으로 나서서 공손히 인사를 했다.

"할아버지, 아니 이사장님께 부탁이 있어서 왔습니다."

세호는 호승이와 함께 얌전히 소파에 앉는가 싶더니 바로 일어나 한창 유행하는 트로트 한 곡을 불렀다.

할아버지는 트로트를 맛깔나게 부르는 세호에게 눈을 떼지 못했다. 손가락으로 테이블에 박자까지 맞췄다.

노래가 끝나자마자 할아버지는 힘차게 손뼉을 쳤다.

"세호라고? 너, 트로트 정말 잘 부르는구나."

"넵! 제 꿈은 트로트 가수입니다."

"음, 그래? 그런데 여기는 왜 왔지?"

"미래의 트로트 가수인 제가 여기 할머니, 할아버지들께 노래를 들려드리면 좋을 것 같아서요."

호승이는 세호의 말에 깜짝 놀랐다. 매번 촐랑대던 세호였는데 제법 진지했다.

"음……."

한참을 고민하던 이사장 할아버지가 입을 열었다.

"좋다. 그런데 요양원에서 아무 때나 노래를 부르는 건 무리야. 우선 할아버지, 할머니들하고 친해지는 게 먼저지. 어때, 그거라도 하겠니?"

"네! 하고 싶습니다."

세호가 힘차게 대답했다. 이사장 할아버지는 호승이에게 건넨 책을 세호에게도 주었다.

"너희 둘은 벗을 사귀는 도를 알고 있구나! 이 책에 좋은 친구를 사귀는 법이 나오니 잘 찾아보렴. 그리고 친구는 나이가 많고 적음을 따지지 않는 법이니 나하고 너희들도 친구가 될 수 있겠지."

할아버지가 씩 웃었다.

<u>친구를 사귈 때는 나이가 많음을 내세우거나 뽐내지 않는다.</u>
<u>지위가 높음도, 자기 형제 중에 권세가 있다는 것도</u>
<u>내세우지 말아야 한다.</u>
<u>친구란 좋은 것을 나누고, 함께 성장하는 것이다.</u>
<u>친구는 그 사람의 덕을 보고 나눔과</u>
<u>배려가 있음을 기억해야 한다.</u>

2장
요양원 봉사 활동

늘 처음은 설레

 월요일. 봉사 활동 첫날이었다. 호승이는 수업 시간이 어떻게 흘러갔는지도 모를 지경이었다. 수업 시간 내내 예진이 쪽을 힐끔힐끔 쳐다보기도 했다. 수업이 끝나자 세호가 호승이 자리로 달려왔다.

 "봉사 활동 하러 가자! 시골에 계시는 할아버지께 말씀드렸더니 기특하다고 용돈까지 보내 주셨어."

 세호의 말에 준성이가 입을 삐죽였다.

 "그게 무슨 봉사 활동이야? 여기저기 자랑하고 싶어서 하는 생색 활동이지. 봉사 활동 하는데 왜 돈을 받냐?"

"야, 한준성! 괜히 시비야?"

"내가 뭘!"

준성이와 세호가 서로 으르렁댔다.

그때 예진이가 다가왔다.

"호승아, 나랑 같이 갈래?"

"그래. 우리 셋이 같이 가자."

세호의 말에 예진이가 고개를 갸웃거렸다.

"너 몰랐어? 나도 요양원에서 봉사 활동 하기로 했어. 이사장 할아버지께서 특별히 나까지만 받아 주신다고 하셨지."

예진이가 눈만 끔뻑이며 호승이를 바라보았다.

"너도 알잖아. 세호의 뻔뻔함."

"뻔뻔함이라니! 선생님이 그러셨잖아. 부딪혀야 한다고. 그리고 이사장 할아버지도 친구란 좋은 것을 나누고 함께 성장하는 거라고 말씀하셨어."

"할 말이 없소이다."

호승이가 절레절레 고개를 흔들었다.

"아무튼 알았으니까 어서 가자. 월요일하고 수요일은 할머니들이 기다린단 말이야. 아, 너희들은 할아버지들 방에서 봉사 활동 하겠네."

"그래? 난 할머니들이 더 좋은데."

호승이의 말에 세호가 호승이의 어깨에 팔을 둘렀다.

"호승아, 넌 할아버지가 없어서 잘 모르나 본데 할아버지들이 말도 없으시고 좋아."

셋이 오가는 대화에 준성이는 끼어들지 못하고 멀뚱히 바라보고 있었다. 그런 준성이를 예진이가 힐끗 돌아보았다.

"준성아, 너는 왜 안 해? 너희 셋 단짝 아냐?"

"준성이는 바이올린 연습으로 바쁘시잖냐."

세호가 촐싹거리며 나서자 예진이가 고개를 끄덕였다.

학교 밖으로 나온 아이들은 요양원을 향해 걸었다. 준성이는 셋이 나란히 걸어가는 뒷모습을 보고 쓸쓸히 돌아서야 했다.

호승이는 세호 때문에 예진이와 단둘이 갈 수 있는 기회를 놓쳐 아쉽긴 했지만 요양원까지 나란히 걸어가는 게 무척 설레고 좋았다.

"내가 봉사하는 방에 먼저 갈래? 맹자 할머니를 소개해 주고 싶어서. 예전에 초등학교 교감 선생님이셨대."

요양원에 들어서면서 예진이가 말했다.

"그래, 좋아."

호승이는 살짝 긴장하며 예진이를 따라갔지만 세호는 실실 웃으며 둘을 따라왔다.

"할머니, 저 왔어요."

문을 열고 들어간 예진이가 쾌활한 목소리로 인사했다.

"어서 와라. 아니, 그런데 못 보던 학생들이네!"

머리가 하얗게 센 할머니가 반갑게 맞으며 말했다.

"같은 반 친구들이에요. 오늘부터 위층 할아버지들 방에서 봉사 활동 하기로 했어요."

"그렇구나! 너희들을 보니 담임선생님이 궁금해지는구나. 이렇게 봉사 활동을 하겠다고 요양원까지 오다니 정말 잘 가르치셨어."

세호가 한발 앞으로 나와 넙죽 인사를 했다.

"안녕하세요? 저는 김세호라고 합니다."

"그래, 그래. 반갑다."

"안녕하세요? 저는 손호승입니다."

"응. 나는 여기서 맹자 할머니로 통한단다."

호승이는 맹자 할머니랑 친구라고 했던 이사장 할아버지의 말이 생각났다. 그러고 보니 맹자 할머니 침대 옆에는《맹자》책이 종류별로 잔뜩 쌓여 있었다.

그때 옆 침대에 누워 있던 할머니가 눈을 떴다. 맹자 할머니가 방긋 웃으며 말했다.

"우리 예쁜이 할머니 시끄러워서 깨셨나?"

예진이는 가방을 내려놓고 걸려 있는 수건에 물을 적셔 할머니의 손을 닦아 드렸다. 그러고는 방에 있는 할머니들 한 명 한 명에게 가까이 가서 인사한 다음, 작지만 또렷하게 필요한 것을 물었다.

"할머니, 물 드릴까요?"

호승이와 세호는 서로 얼굴만 마주 보았다. 학교에서 본 예진이의 모습과 달랐기 때문이다.

"손호승, 김세호!"

방으로 들어온 요양 보호사님이 호승이와 세호를 불렀다. 호승이와 세호는 요양 보호사님을 따라 위층으로 올라갔다.

"고마워. 너희들 덕분에 월요일과 수요일은 조금 편하겠다."

"아직 뭘 해야 할지 모르겠어요."

"금방 알게 될 거야."

요양 보호사님이 고개를 끄덕이며 환하게 웃었다. 호승이와 세호는 살짝 긴장한 얼굴로 303호로 들어갔다.

변덕 할아버지

"303호 어르신들, 여기 보세요."

침대에 누워 있던 할아버지들이 슬슬 일어나 앉았다. 텔레비전을 보던 할아버지들도 고개를 돌렸다.

"오늘부터 일주일에 두 번 여기 두 아이들이 심부름을 하게 될 거예요. 학교 수업 마치고 오니까 두 시간 정도 봉사 활동 한다고 생각하시면 돼요."

요양 보호사님이 호승이와 세호에게 인사를 하라고 눈짓을 보냈다.

"안녕하세요? 은열초등학교 3학년 손호승입니다."

"아, 안녕하세요? 같은 반 친구 김세호예요."

졸랑거리던 세호가 어쩐 일인지 쭈뼛거렸다.

"너 왜 그렇게 긴장했어?"

"아, 몰라. 갑자기 너무 쉽게 봉사 활동 한다고 결정한 것 같아."

호승이와 세호는 귓속말을 주고받았다.

그때 뒤늦게 일어나 앉은 할아버지가 불퉁거리며 말했다.

"시끄러워! 시끄러워서 잠을 잘 수가 있나!"

"우리 학봉 할아버지 깨셨네. 오늘 기분 또 별로세요?"

요양 보호사님이 활짝 웃으며 할아버지를 바라보았다.

"기분이 좋을 턱이 있나? 답답한 요양원에서 좁은 침대에만 누워 있는데 뭐가 좋겠어?"

"그래서 여기 손자들이 일주일에 두 번이나 말벗을 해 드리러 온다잖아요."

"늙은이 냄새 이틀 맡으면 도망갈 것을!"

호승이는 침대에 붙어 있는 할아버지 이름을 곁눈질로 보았다.

'변학봉, 나이 74세'

303호는 다리가 불편한 할아버지가 대부분이었다. 특히 변학봉 할아버지는 고관절 수술까지 해서 침대에 오래 누워 있어야 했다. 호승이와 세호가 할 일은 할아버지들의 잔심부름을 하는 것이었다.

변학봉 할아버지가 멀뚱히 서 있는 호승이와 세호를 보며 퉁명스런 목소리로 말했다.

"물 좀 떠 와."

"네!"

호승이가 할아버지의 물병을 들었다. 세호도 호승이를 따라 나가려고 했다.

"뭐가 힘들다고 둘이 같이 나가?"

호통 같은 소리에 세호는 그 자리에 엉거주춤 설 수밖에 없었다.

호승이는 물병에 물을 가득 채워서 금세 돌아왔다. 그런데 물병을 받아든 할아버지가 버럭 소리를 질렀다.

"늙은이한테 이렇게 찬물을 주면 어쩌자는 거야?"

"네? 다시 떠 올게요."

호승이가 허둥거리며 얼른 다시 물을 받아 왔다.

"아이고, 뜨거워라! 내가 입천장 다 데면 좋겠니?"

세호는 물병을 다시 들고 나간 호승이보다 더 안절부절못했다. 호승이가 물을 다시 떠 왔다.

"이제 적당하구나. 나중에 마실 테니 옆에 둬라."

할아버지는 물병만 살짝 만져 보고 물을 마시지는 않았다. 그러고는 침대에 누우며 경고하듯 말했다.

"이제 난 좀 자야겠으니 떠들지 마라."

호승이와 세호는 약속이나 한 듯 뒷걸음으로 나와 화장실로 향했다.

"저 할아버지 너무하는 거 아니야? 당장 마시지도 않을 거면서 뭘 그렇게 시키냐? 변덕이 죽 끓듯 한다는 엄마 말이 딱이다!"

세호가 온몸을 떨며 진저리 쳤다.

"이야, 그거다!"

"뭐가?"

"변덕 할아버지! 저 할아버지 성함이 변학봉이셔. 그러니 별명으로 딱이지 않냐?"

호승이의 말에 세호가 키득키득 웃었다.

"작명 센스 짱!"

호승이도 어깨를 으쓱했다.

잠시 뒤, 볼일을 본 호승이가 방으로 돌아가자고 했다.

"나는 화장실에 좀 더 있을래."

"에이, 그래도 오늘이 첫날이잖아."

"몰라, 몰라. 너나 먼저 들어가."

잠시 고민하던 호승이가 말했다.

"그럼 나랑 잠깐 옥상 갔다가 들어갈래?"

"옥상?"

"응. 예진이가 그랬어. 여기 옥상에 휴게 공간 있다고 말이야."

"그럼, 같이 가. 나도 갈래."

호승이와 세호는 옥상에서 잠시 바람을 쐬었다. 세호가 더 있다가 들어가겠다고 계속 버티는 바람에 호승이만 3층으로 내려와야 했다.

세호가 돌아올 때까지 호승이는 할아버지들의 심부름을 착실하게 했다. 호출 벨을 누르는 일, 물을 떠 오는 일, 휴대 전화가 잘 안 된다고 하는 할아버지 곁에서 사용 방법을 설명해 주는 것도 했다. 호승이는 간단한 일조차 스스로 하기 힘들어하는 할아버지들이 답답했다. 세호가 뒤늦게 내려왔지만 큰 도움이 되지는 못했다.

그렇게 첫날 두 시간이 순식간에 지나갔다.

요양 보호사님이 방으로 와서 물었다.

"호승이, 세호, 오늘 어땠어? 할아버지들하고 좀 친해졌어?"

"네……."

호승이도, 세호도 힘없이 대답했다.

"뭘 해야 할지 조금 알게 됐지?"

호승이와 세호가 마지못해 고개를 끄덕였다. 할아버지들에게 인사를 하는데 변덕 할아버지가 호승이를 부르더니 손에 사탕 두 개를 쥐어 줬다.

"어머나, 나한테는 한 개도 안 주시면서! 어르신, 너무하는 거 아니에요?"

요양 보호사님이 생글거리며 말했다.

"통과!"

변덕 할아버지의 말이 무슨 뜻인지 이해하지 못한 채 호승이와 세호는 어리벙벙한 얼굴로 방을 나왔다.

이만하면 충분해

호승이와 세호는 아래층으로 내려갔다. 예진이가 맹자 할머니 옆에 앉아서 책을 읽고 있었다. 맹자 할머니는 눈을 지그시 감고 고개를 끄덕이며 듣고 있었다. 호승이와 세호도 조용히 침대 옆에 섰다.

"할머니, 오늘은 여기까지 읽을게요. 이제 갈 시간이 됐어요."

맹자 할머니가 눈을 떴다.

"몇 번을 들어도 맹자님의 말씀은 버릴 게 없구나."

맹자 할머니가 옆에 서 있는 호승이와 세호를 보면서 말했다.

"첫날인데 적응을 잘 했는지 모르겠구나! 나이 든 사람을 보살피는

게 쉬운 일은 아니지."

"네. 세호가 화장실에 들어가서 나오지 않겠다고 한 것 빼고는 괜찮았어요."

호승이의 말에 세호가 붉으락푸르락했다.

"야, 옥상에서 바람 쐬자고 한 건 누구였더라?"

"네가 먼저 들어가기 싫다고 한 거잖아. 그러니까 내가 잠시 데려간 거고."

"그래, 너 잘났다. 치사하게!"

세호의 말에 호승이 얼굴이 벌게졌다. 예진이 앞이라 더욱 안절부절못했다. 맹자 할머니가 미소를 지으며 세호와 호승이에게 말했다.

"오십보백보니라."

예진이가 고개를 끄덕였다. 잘 알고 있다는 표정이었다.

"무슨 말씀이세요? 예진아, 너는 알고 있는 거야?"

"응.《맹자》책에 나오는 얘기야. 맹자가 양혜왕에게 한 말인데, 전쟁터에서 어떤 사람은 오십 걸음쯤 도망간 뒤 멈추고, 어떤 사람은 백 걸음 도망간 뒤 멈췄다면 오십 걸음 도망간 사람이 백 걸음 도망간 사람을 비겁하다고 비웃을 수 있냐는 거지."

세호가 어깨를 으쓱했다.

"둘 다 도망간 건 마찬가지 아냐?"

"잘 알고 있네. 바로 그래서 오십 보나 백 보나 같다는 의미야."

<u>왕께서 전쟁을 좋아하시니, 전쟁으로 비유하겠습니다.</u>
<u>전쟁을 하다가 병사들이 갑옷을 버리고 달아났습니다.</u>
<u>어떤 이는 백 걸음을 달아난 뒤 멈추었고,</u>
<u>어떤 이는 오십 걸음을 달아난 뒤에 멈추었는데,</u>
<u>오십 걸음을 달아난 자가 백 걸음 달아난 자를 비웃으면</u>
<u>어떻겠습니까?</u>

"우리 예진이가 제법이구나!"

맹자 할머니가 세호와 호승이를 보며 인자한 얼굴로 말했다.

"그러니 서로 탓해 봐야 소용없다. 첫술에 배부르지 않으니 앞으로 더 잘하면 된다."

"네."

세호와 호승이가 함께 대답했다. 그때 예진이 엄마인 인정미 사회복지사님이 들어왔다.

"안녕하세요? 저 호승이예요."

호승이가 먼저 알아보고 넙죽 인사했다.

"많이 컸구나! 1학년 입학식 때 본 게 마지막이었는데, 그사이 몰라보게 컸네?"

호승이는 조금 쑥스러웠다.

"안녕하세요? 저는 같은 반 친구 김세호라고 합니다."

"그래, 그래. 너희들이 기특한 생각을 했다고 해서 깜짝 놀랐어. 예진이야 워낙에 사회복지사에 관심이 많아서 봉사 활동을 해 보라고 한 건데 말이지."

"예진이 장래 희망을 듣고 많이 생각했어요. 우리 반 아이들 전부 감동받았거든요."

"어머, 정말?"

세호의 말에 예진이 엄마는 흐뭇한 얼굴로 예진이를 돌아보았다.

"그래, 오늘 첫날이라 긴장해서 힘들었을 거야. 어서 가라."

그때 맹자 할머니 옆자리에 누워 있던 예쁜이 할머니가 끙 소리를 냈다. 예진이 엄마는 얼른 할머니 쪽으로 가서 살피더니 급하게 벨을 눌렀다.

그사이 예진이는 호승이랑 세호를 데리고 밖으로 나왔다. 아이들은 흐뭇하게 서로의 얼굴을 보았다.

"할아버지들 계신 곳은 어땠어?"

"말도 마. 변덕 할아버지의 변덕을 네가 봤어야 했어!"

세호가 고개를 절레절레 흔들었다.

"야, 일은 내가 했는데 마치 네가 다 한 것처럼 말하냐?"

호승이가 세호에게 퉁을 주었다.

"같은 방에서 같이 봉사 활동 하는데 뭘 네가 했다고 그러냐. 아까 맹자 할머니 말씀 벌써 잊어버린 거야? 오십보백보라고!"

호승이가 헛기침을 하며 입을 비죽거렸다. 세호는 계속 303호에서 있었던 이야기를 늘어놓았다.

"변학봉 할아버지신데, 그래서 우리가 변덕 할아버지라고 벌써 별명을 지었어. 물이 차갑다, 뜨겁다, 말도 마."

세호의 말에 예진이가 고개를 끄덕였다.

"첫날인데 쉽지 않았구나. 다음에는 좀 나을 거야. 누구나 처음은 어렵잖아."

예진이의 어른스러운 말투에 호승이는 또 한 번 놀랐다. 예진이는 성격도 참 좋구나 싶었다.

웃음이 사라진 요양원

　국어 시간에 담임선생님이 읽어 준 그림책 이야기에 예진이가 펑펑 눈물을 쏟았다. 엄마의 죽음을 받아들일 수 있도록 할머니가 따뜻한 위로를 해 주는 이야기였다. 호승이는 그런 예진이를 계속 흘끗거렸다.
　"예진아, 괜찮아? 그림책이 너무 슬프지? 선생님도 처음 읽었을 때는 눈물이 나더라."
　호승이는 예진이가 아빠를 떠올렸다고 생각했다. 예진이 아빠가 1학년 때 교통사고로 돌아가셨기 때문이다. 예진이는 한참 지나서야 겨우 눈물을 멈췄다.

수업이 끝나고 예진이가 호승이와 세호에게 다가왔다.

"어서 가자."

"박예진, 괜찮아? 내가 신나는 트로트 한 곡 불러 줘?"

"아니, 괜찮아."

준성이는 오늘도 자기 혼자만 다른 방향으로 가야 하는 게 너무 싫다며 아이들을 따라왔다.

"얘들아, 요양원까지 나도 같이 갈게."

"한준성, 너희 엄마가 늦게 온다고 전화 엄청 하실 텐데 괜찮겠어?"

"몰라, 몰라. 하라고 하지, 뭐. 안 받으면 그만이야."

"오호, 너 세졌다. 맨날 엄마 말만 듣던 애가."

"야! 바이올린으로 성공하는 게 쉬운 줄 알아?"

준성이가 세호를 향해 소리를 버럭 질렀다. 처음 본 준성이의 태도에 아이들이 입을 쩍 벌렸다.

"미안해. 뭘 그렇게 소리를 지르냐?"

세호가 뻘쯤해서 얼른 사과했다.

"나도 솔직히 너희들하고 봉사 활동 하고 싶어."

준성이가 속상해하자 모두 아무 말 없이 걸었다. 요양원 건물 앞에 도착하자 준성이는 한숨을 푹 내쉬더니 인사를 대충 하고 반대 방향으로 뛰어갔다.

"한준성! 내일 학교에서 보자."

호승이가 인사를 하고는 세호의 옆구리를 쿡 찔렀다.

"아무튼 너는 그 입이 문제야. 준성이도 얼마나 우리랑 같이 봉사 활동 하고 싶겠냐?"

"내가 뭘 어쨌다고. 그냥 맨날 하는 말인데 유난히 뿔이 나서는."

예진이는 아무 말도 하지 않았다. 요양원 계단을 올라가더니 뒤를 돌아보며 말했다.

"얘들아, 사실은 말이야, 사실은……."

예진이가 길게 뜸을 들였다. 호승이는 입술을 깨물며 다음 말을 기다렸다.

"예진아, 왜 그러는데?"

세호가 묻자 예진이 눈에서 눈물 한 방울이 뚝 떨어졌다.

"사실은, 사실은, 어제 낮에 예쁜이 할머니가 돌아가셨대."

호승이와 세호는 깜짝 놀라서 서로 얼굴만 쳐다보았다.

"왜? 아니, 왜가 아니고. 아이참, 뭐라고 해야 하는 거야?"

세호가 버벅거리며 자기 머리를 쥐어박았다.

"요양원에 들어오신 분들은 대부분 건강이 좋지 않아. 제대로 움직이지 못하는 경우도 많고. 내가 봉사 활동을 시작하고 할머니가 돌아가신 게 벌써 두 번째야. 어제 엄마가 퇴근하고 와서 말해 줬어."

호승이는 그제야 예진이가 수업 시간에 왜 그렇게 울었는지 알 수 있었다.

"이제 그만 울게. 엄마랑 약속했거든. 할머니들 앞에서 절대 울지 않기로. 자꾸 울면 할머니들이 더 힘들대."

"그렇지. 눈물 닦고 들어가자."

호승이는 얼른 가방에서 휴지를 꺼내 건넸다. 예진이는 코까지 팽 풀더니 애써 웃어 보였다.

"자, 오늘도 열심히 해 볼까?"

예진이 뒤를 호승이와 세호가 따라 들어갔다. 205호는 조용했다. 텔레비전 소리도 들리지 않았다. 맹자 할머니의 옆 침대는 말끔히 치워져 곧 새로 들어올 할머니를 기다리고 있었다.

"예진이 왔냐?"

맹자 할머니가 눈을 떴다.

"할머니, 저 왔어요. 책 읽어 드릴까요?"

맹자 할머니가 침대 등받이를 세워 달라고 하자 예진이가 버튼을 눌러 할머니를 앉을 수 있게 했다. 잠시 뜸을 들이던 할머니가 물었다.

"오늘 학교에서 재미있는 일은 없었어?"

뜬금없는 질문에 세호가 눈동자를 굴렸다.

"집에서는 있었어요. 월요일에 봉사 활동 끝내고 집에 가서 할아버지께 전화를 했거든요. 시골에 계셔서 자주 못 만나니까 제가 전화를 자주 드리는 편이에요."

"기특하구나!"

"할아버지가 저한테 십만 원짜리 노래를 불러 달라고 하시는 거예요, 전화로."

"옳거니! 그래서?"

"그래서 '빈대떡 신사'를 불러 드렸어요. 그건 제가 가장 자신 있는 노래거든요. 그러니까 십만 원짜리 노래는 될 거라고 생각한 거죠."

"할아버지는 뭐라셨어?"

"바로 용돈 하라고 십만 원을 보내 주셨죠."

"정말 재미있구나! 그 할아버지에 그 손자네! 다음에 기회 되면 십만 원짜리 노래를 나도 들을 수 있을까? 무료로 불러 줄 수 있겠어?"

"그럼요. 제가 특별히 불러 드릴게요. 헤헤!"

맹자 할머니가 힘없이 웃었다. 방 안의 할머니들이 어쩐지 다 슬퍼 보였다. 호승이는 예진이 손에 목캔디를 몇 개 쥐어 주었다.

"책 오래 읽으면 목 아플 것 같아서."

예진이가 살포시 웃었다.

맹자 할머니의 눈 수술

　침대에 앉은 변덕 할아버지는 호승이와 세호에게 눈길도 주지 않았다. 그러더니 텔레비전 앞에 앉아 있는 뿔테 할아버지에게 버럭 소리를 질렀다.
　"아, 소리 좀 줄이라고 몇 번을 말해! 귀가 먹었으면 보청기를 끼든지. 머리가 울린다고!"
　뿔테 할아버지가 궁시렁거리면서 텔레비전 소리를 줄였다.
　"크다고, 커!"
　변덕 할아버지가 소리를 꽥 지르더니 이불을 머리끝까지 뒤집어쓰고 누웠다. 방 안의 공기가 차가워졌다. 호승이와 세호도 고개를 숙이고 바닥만 보았다. 뿔테 할아버지가 보행 보조기를 밀며 밖으로 나갔다. 호승이와 세호는 다리가 불편한 할아버지의 뒤를 따라나섰다. 세호가 중얼거렸다.

"정말 변덕, 아니 변학봉 할아버지 너무해요. 무작정 소리만 지르면 다인가?"

호승이와 세호는 변덕 할아버지가 얄미웠다.

"휴, 원래 오늘 자식들이 면회 오기로 되어 있었어. 그런데 전화가 온 거야. 손자 녀석이 열이 나서 못 온다고. 그래서 저렇게 뿔따구가 난 거지."

뿔테 할아버지가 천천히 걸음을 옮기며 말했다. 호승이와 세호가 고개를 끄덕였다.

"그래도 그렇지, 그게 할아버지 잘못은 아니잖아요. 왜 자꾸 왕처럼 구냐고요."

"왕 맞아."

호승이와 세호가 놀라서 얼굴을 마주 보았다.

"요양원도 말이야, 먼저 들어온 사람이 왕 노릇 하는 거야. 그러니 변씨 할아버지가 제일 왕이지. 오래 있었으니까."

"그런 게 어디 있어요. 다 똑같은 거죠."

"어디를 가나 다 그런 거다. 그나저나 오늘은 날이 좋구나."

호승이와 세호는 뽈테 할아버지와 옥상에 들렀다 방으로 돌아왔다. 방에 있는 할아버지들의 얼굴에는 웃음기가 하나도 없었다. 봉사 활동 시간은 쏜살같이 지나갔다.

주말이 지나고 다시 월요일이 시작되었다. 수업이 끝나고 세 친구는 요양원으로 갔다. 205호로 들어갔는데, 맹자 할머니가 한쪽 눈에 안대를 착용하고 있었다.

"할머니, 왜 그러세요?"

세호가 깜짝 놀라 물었다.

"왔어? 늙으면 여기저기 다 고장 나는 법이다."

"할머니가 녹내장 수술을 받으셨대."

예진이가 말을 마치기도 전에 요양 보호사님이 들어왔다. 예쁜이 할머니 자리에는 새로 들어온 할머니가 있었다.

호승이는 뜬금없이 맹자 할머니의 손을 덥석 잡았다. 맹자 할머니도 호승이 손을 잡으며 토닥였다.

"왜? 할머니가 불쌍해?"

"저희 할머니도 똑같은 수술을 하셨어요. 그런데 결국……."

"앞을 보기 힘드셨던 게로구나!"

호승이가 천천히 고개를 끄덕였다.

"이 나이 먹도록 좋은 거 많이 보았으니 괜찮다. 그런데 한 가지 서운한 건 책 읽는 게 어려워졌다는 거야. 예진이가 읽어 주기는 하지만."

"제가 월요일, 수요일 말고도 시간 되면 종종 와서 읽어 드릴게요."

호승이가 선뜻 말했다.

"진짜로? 무리하지 않아도 돼. 그래도 고맙다. 다른 사람을 가엾고 측은하게 여기는 마음이 있다니 이 할머니는 기쁘다. 맹자님도 이렇게 말씀하셨단다."

<u>측은한 마음이 없으면 사람이 아니며, 부끄러워하는 마음이 없으면</u>
<u>사람이 아니며, 사양하는 마음이 없으면 사람이 아니며,</u>
<u>옳고 그름의 마음이 없으면 사람이 아니다.</u>
<u>측은하게 여기는 마음은 인의 시작이요,</u>
<u>부끄러워하는 마음은 의의 시작이요,</u>
<u>사양하는 마음은 예의 시작이요,</u>
<u>옳고 그르다고 여기는 마음은 지의 시작이다.</u>

"그러니, 호승이가 나를 생각하는 마음을 측은지심이라고 한단다. 그나저나 《맹자》는 읽고 있는 거야?"

"아, 아직……."

"이런! 어서 읽어 봐라. 그 안에 세상을 살아가는 지혜가 다 있어. 옛날이야기라고 구석에 꾸겨 놓을 책이 아냐."

맹자 할머니가 예진이를 바라보았다.

"예진아, 그다음 내용은 무엇인지 혹시 기억하니?"

"측은지심 다음으로 수오지심, 사양지심, 시비지심이에요."

"그렇지. 역시 예진이도 나만큼 맹자님을 좋아하지."

호승이는 어려운 사자성어를 술술 말하는 예진이가 대단했다. 책상 구석에 놓아둔 《어린이 맹자》를 꺼내서 읽어 봐야겠다고 결심했다.

3장
무료 공연

스스로 지원

봉사 활동을 마친 아이들이 옥상에 모였다. 예진이는 맹자 할머니가 준 호두과자를 호승이와 세호에게 나누어 주었다. 세호가 얼른 하나를 까서 입에 쏙 넣었다.

"와, 이 호두과자 진짜 맛있다. 사거리 체인점에서 파는 호두과자랑 다르네."

호승이도 하나를 집어먹었다. 한쪽 볼이 불룩 튀어나왔다.

"정말 호두가 엄청 많이 들었는데?"

예진이도 씩 웃으며 하나를 먹었다.

"맹자 할머니 딸이 택배로 보냈대. 지방으로 발령이 나서 자주 못 오나 봐. 맹자 할머니는 주말마다 기다리는 눈치긴 해."

어느덧 호두과자 봉지가 텅 비었다. 슬슬 돌아갈 시간이었다.

"아차, 엄마가 빨리 오라고 했는데 까먹고 있었어. 애들아, 나 먼저 갈게."

세호가 황급히 계단을 내려갔다. 그러자 예진이도 의자에서 벌떡 일어났다.

"맞다. 엄마가 정수기 필터 교환하는 날이라고 빨리 들어가라고 했어. 호승아, 나도 먼저 갈게."

"어, 어. 그래."

갑자기 혼자 남겨진 호승이는 하늘을 올려다보았다. 화창한 날이었다. 날마다 침대에 누워 있는 할머니, 할아버지들은 이런 하늘을 제대로 보지 못할 거라고 생각하니 안타까웠다. 그때 이사장 할아버지가 옥상으로 올라왔다.

"손호승! 봉사 활동은 잘하고 있다고 들었다. 할 만하니?"

"네, 저는 옆에서 작은 심부름만 하니까 하나도 힘들지 않아요."

"다행이구나. 음, 그건 그렇고, 예비 기업가의 눈으로 봤을 때 이 요양원에 필요한 게 있다면 어떤 걸까?"

이사장 할아버지가 뜬금없는 질문을 던졌다.

"음, 글쎄요…… 아, 웃음이요!"

"웃음? 왜 그렇지?"

"다들 잘 웃지를 않으세요. 몸도 아프고 누워 계시기만 하니까요."

이사장 할아버지가 고개를 끄덕였다.

"그럼 그걸 해결해 봐."

"어떻게요?"

"글쎄다. 기업가란 고객에게 무엇이 필요한지 찾아보고 그걸 만들어 파는 사람 아니겠니?"

이사장 할아버지는 그 말을 남기고 옥상을 내려갔다. 난데없이 미션을 받은 호승이는 머리만 긁적였다.

다음 날, 급식 시간에 호승이는 세호와 준성이에게 이사장 할아버지의 말을 전했다.

"와, 멋지다. 끝내준다!"

세호가 신이 나서 자리에서 벌떡 일어났다.

"뭐가 멋지고 끝내주냐? 난 뭘 어찌해야 할지 모르겠는데."

"손호승, 뭘 그렇게 고민해. 우리가 공연하면 되잖아."

"공연?"

"그래. 나는 트로트를 잘 부르지. 준성이는 바이올린 잘 켜지."

그 말에 옆에 있던 준성이의 얼굴이 갑자기 환해졌다.

"와, 그런 공연 무대에 선다고 하면 엄마도 허락하실 듯. 세호 너 어떻게 그런 생각을 다 했어?"

"야, 내가 공부 머리는 없어도 이쪽은 괜찮다니까. 헤헤."

하지만 준성이는 다시 심각한 얼굴로 바뀌었다.

"그런데 그걸로만 공연하기는 너무 없어 보이지 않을까?"

"음, 그렇긴 하지. 그럼 우리 반 애들한테 말해서 참여하고 싶은 애들 있으면 같이 하자고 하자."

세호는 적극적이었다.

"점점 일이 커지는데? 좋았어!"

준성이가 예진이를 불러왔다. 이야기를 들은 예진이도 눈이 반짝였다.

"진짜 멋진 생각이야. 우리 선생님에게도 말씀드려 보자."

급식 시간이 다 끝나기 전에 네 명의 아이들이 담임선생님을 찾아갔다. 호승이가 계획을 말하자 담임선생님이 진지한 표정으로 고개를 끄덕였다.

"그거 참 좋은 생각이다. 우리 반 아이들이 참여하는 공연이라니. 좋아. 회장하고 잘 상의해서 학급 회의 시간에 건의해 보렴."

"선생님, 감사합니다."

이어지는 학급 회의 시간에서 회장은 요양원 공연을 안건으로 올렸다. 그다음부터는 호승이가 나섰다.

"그러니까 자신의 숨겨 둔 끼를 마음껏 펼칠 수 있다고 생각하면 어떨까 싶습니다. 오늘 당장 알려 달라는 건 아니에요. 우리도 요양원에 가서 여러 가지 상의를 해야 하니까요."

다음 날, 이사장실에는 호승이랑 세호, 예진이가 나란히 앉아 있었다. 이사장 할아버지는 여전히 까만 선글라스를 낀 채 아이들을 바라보았다.

"그래, 공연을 해 보겠다고? 공연 장소야 강당이 있으니 괜찮을 테고……. 시간하고 필요한 것들을 정리해 보렴."

이사장 할아버지는 흔쾌히 허락했다. 아이들은 팔짝팔짝 뛰며 좋아했다.

"내일부터 공연 출연 신청을 받으면 되겠다."

호승이의 말에 예진이가 엄지를 척 들어 보였다. 호승이 얼굴이 빨개지자, 그 순간을 세호가 놓치지 않았다.

"호승아, 너 잘 익은 토마토 같아."

세호가 놀리자 호승이는 살짝 당황했다.

"뭘 또……. 여기가 더워서 그렇지."

이렇게 말은 했지만 활짝 열린 창문으로 바람까지 솔솔 불어오는 날이라 설득력은 그다지 없었다.

그건 재미없어!

쉬는 시간마다 반 아이들이 공연에 참여하고 싶다고 전해 왔다. 단짝인 윤미랑 서연이가 제일 먼저였다.

"우리는 아이돌 댄스를 추고 싶어."

"아이돌 댄스라고?"

"응. 요즘 우리 댄스 학원 다니거든."

"그건 곤란해. 할머니, 할아버지들이 그걸 좋아하겠니?"

호승이의 말에 윤미랑 서연이가 어이없다는 표정을 지었다.

"넌 할머니, 할아버지가 아니잖아. 왜 네가 결정해?"

"난 이 공연을 맡은 총책임자니까."

"쳇, 관둬."

윤미와 서연이가 삐져서 쌩하니 교실을 나가 버렸다. 그다음은 관영이와 지훈이였다.

"우리는 태권도 시범을 보여 드리고 싶어. 우리 검은 띠잖아."

"야, 그건 너무 식상하지 않냐?"

"그게 뭐가 식상해. 대한민국을 대표하는 태권도인데! 세계인들이 좋아하는 태권도라고!"

관영이가 붉으락푸르락한 얼굴로 호승이에게 달려들었다. 지훈이가 얼른 말렸다.

"야, 너 뭐냐? 네가 이 공연 진행한다고는 하지만 이건 좀 그렇다."

지훈이가 한마디 던지고 관영이를 데리고 밖으로 나갔다. 그 모습을 지켜본 예진이는 크게 한숨을 내쉬었다.

회장이 복도로 호승이를 불러냈다.

"손호승, 너 왜 그러냐?"

"내가 뭘?"

"아니, 반 아이들이 적극적으로 나서 주는데 왜 다 안 된다고 거절하는 거냐고!"

"재미없잖아. 관객이 누구냐? 할머니랑 할아버지들이야. 거기에 맞춰야지."

"됐고. 아이들이 요양원 공연은 없던 걸로 하재."

"뭐라고?"

"그 말 몰라? 보이콧이라고! 보이콧! 공연 안 하겠다고!"

회장은 교실로 들어가 버렸다. 준성이가 다가왔다.

"손호승, 좀 정도껏 해라. 무슨 방송사 공연해?"

"뭐라고? 준성이 너까지 그렇게 말하냐?"

"너처럼 생각하면 내 바이올린 연주는 할머니, 할아버지들이 좋아하시겠어?"

준성이도 한쪽 발로 바닥을 쿵 구르더니 교실로 들어가 버렸다.

요양원으로 가는 길에 어느 누구도 입을 열지 않았다. 호승이는 뭐가 잘못됐는지 알 수 없었다.

맹자 할머니에게 인사를 하러 2층으로 갔다. 맹자 할머니는 수술한 눈이 점점 좋아지고 있었다.

"호승이 얼굴이 좋지 않구나! 무슨 일이 있는 거야?"

세호가 깜짝 놀라며 말했다.

"우아, 그게 보이세요? 대박! 역시 맹자 할머니는 달라요."

"무슨 일이 있긴 있구나?"

"그게요, 공연에 참가하겠다는 친구들이 있었는데 호승이가 다 재미없다고 거절했거든요. 그랬더니 아이들이 공연 보이콧을 했어요. 호승이 말은 듣지 않겠대요."

호승이가 세호를 매섭게 노려봤다. 맹자 할머니가 웃었다.

"그래서 얼굴에 근심이 가득하구나! 잠깐 앉아 봐라."

맹자 할머니는 돋보기를 썼다. 그리고 옆에 쌓여 있는 책 중 한 권을 집어 들었다.

<u>힘으로 남을 복종시키는 것은</u>
<u>진심으로 복종하는 것이 아니라 단지 힘이 부족해서다.</u>
<u>그러나 덕으로 남을 복종시키는 것은</u>
<u>마음속에서부터 기뻐서 진심으로 복종하는 것이다.</u>

"《맹자》의 '공손추' 편에 나오는 말이란다. 호승이 네 말대로 했다면 그건 되레 너희 반 친구들이 진심으로 따르지 않았다는 증거다. 그러니 상처받은 친구들을 잘 다독여 공연을 준비하면서 무슨 마음을 갖는 게 먼저인지 생각해 보렴."

"옛날에는 무조건 복종을 했나 봐요."

세호의 말에 맹자 할머니가 고개를 흔들었다.

"시대가 바뀌고 있단다. 그 옛날 맹자님도 왕이 잘못하면 바꿀 수 있다고 했지. 사람의 마음을 힘으로 얻는 게 아니라 덕으로 얻는다는 뜻이야."

"우아, 맹자님은 엄청 오래전에 태어나셨던데, 시대를 앞질러 생각하신 분이네요."

"그렇지. 세상을 보는 지혜로운 눈을 가지고 계셨고, 아무리 큰 권력을 가진 왕 앞에서도 주눅 들지 않고 바른말을 하셨단다."

맹자 할머니의 말을 들으며 호승이는 무엇인가 골똘히 생각하는 모습이었다.

좋은 마음 찾기

다음 날, 호승이는 일찍 학교에 도착했다. 그러고는 수업이 시작되기 전에 윤미와 서연이를 복도로 불렀다.

"왜? 무슨 일인데?"

"어제는 미안했어. 내가 멋대로 굴었어. 너희가 얼마나 좋은 마음으로 참여하겠다고 했는지 미처 생각하지 못했어. 정말 미안해."

까칠한 표정이었던 윤미의 얼굴이 사르르 풀어졌다.

"지금 사과하는 거야?"

"응. 그래서 말인데 공연에 꼭 참가해 주라. 부탁할게."

윤미와 서연이가 서로 얼굴을 마주 보았다. 잠시 눈짓이 오갔다.

"좋아, 연습할게. 춤추고 싶은 다른 남자아이들도 같이 할 수 있어."

"우아, 그럼 더 좋지."

호승이는 가시에 찔린 것처럼 따끔거렸던 마음이 처음으로 편안해졌다. 이번에는 관영이와 지훈이를 불렀다.

"네가 뭔데 오라 가라냐?"

"관영아, 지훈아. 어제 내가 심했지? 나도 할머니, 할아버지들을 잘 모르면서 말이야."

"맞아, 그랬어. 우리 할머니, 할아버지는 우리가 태권도 하면 얼마나 좋아하는데."

"내가 생각이 짧아서 너희 마음에 상처를 줬어. 정말 미안해."

관영이와 지훈이도 서로 얼굴을 마주 보았다.

"그래서 말인데, 요양원 공연 무대에 꼭 서 줘. 부탁이야."

"어? 그렇게까지 말한다면야……. 그럴게."

관영이의 대답에 지나가던 윤선이가 끼어들었다.

"꼭 검은 띠만 무대에 설 수 있는 건 아니지?"

관영이가 고개를 끄덕였다.

"우리 반에 태권도장 다니는 여자애들한테도 물어보려고. 아마 검은 띠 아닌 애들도 무대에 서고 싶을걸."

"그렇겠다. 이것도 우리 생각만 한 것 같아. 태권도 하는 애들한테 다 물어보자."

지훈이의 말에 다들 환하게 웃었다. 그때 세호와 준성이가 다가왔다.

"손호승! 사과하는 모습 멋지다. 난 사과하면 비굴할 줄 알았는데, 그렇지 않다는 걸 알았어. 사과는 용기 있는 사람만이 할 수 있구나!"

세호의 말에 준성이는 양손 엄지를 척 올렸다. 호승이는 쑥스러워 뒷머리만 긁적였다.

수업이 시작되었다. 선생님은 호승이의 얼굴을 보더니 웃으며 말을 꺼냈다.

"요양원 공연으로 너희끼리 의견 충돌이 있었다는 거 알고 있어. 하지만 잘 해결되어 가는 거 맞지?"

"네!"

아이들이 힘차게 대답했다. 호승이 얼굴이 붉어졌다.

"너희들도 알겠지만 예진이가 《어린이 맹자》를 들고 다니면서 열심히 읽고 있잖아. 사실 선생님도 《맹자》를 처음부터 제대로 읽은 적이 없었어. 그래서 예진이가 혹시 선생님에게 물어보는데 답변을 하지 못하면 어쩌나 싶어서 책을 샀지. 그런데 어제 너무 좋은 구절을 발견했지 뭐야. 자, 다들 들어 봐."

<u>모든 사람은 똑같이 귀하게 되고 싶은 마음을 갖고 있다.</u>
<u>사실 사람은 누구나 자신의 몸에 귀한 것을 지니고 있지만</u>
<u>그것을 생각하지 않을 뿐이다.</u>
<u>남이 귀하게 해 준 것은 진정으로 귀한 것이 아니다.</u>

"이 말이 무슨 말이냐면, 너희들은 이미 한 명 한 명이 귀한 사람들

이라는 거야. 그걸 어떻게 전해야 할지 몰랐는데 이 구절이 눈에 딱 들어왔지."

세호가 번쩍 손을 들었다.

"선생님, 저희는 귀하니까 보석인가요?"

"보석? 가치로 환산할 수 없는 귀함이 세상에는 분명히 존재해. 그러니까 너희는 무한대로 귀한 사람들이라는 거지. 그 귀한 사람들이 남을 돕는 일을 하니 이보다 더 귀한 일이 또 있을까?"

아이들이 책상을 두드리며 환호성을 질렀다. 순식간에 3학년 2반은 귀하디귀한 반이 되었다.

호승이는 속으로 생각했다.

'그래. 이렇게 모두 귀한 친구들이고 귀한 마음이었는데 내가 함부로 말했던 거였어.'

고객의 마음을 먼저 알아야 해!

요양원 봉사 활동을 가는 날이면 혼자 남겨져 삐죽거리던 준성이의 모습이 예전과 달라졌다.

"얘들아, 오늘도 잘해. 나는 공연할 곡을 골라서 연습 중이야. 너희들도 깜짝 놀랄걸? 그럼 나 먼저 간다."

호승이는 친구들이 모두 한마음이라는 생각에 어깨가 쫙 펴졌다. 요양원에 도착하니 1층에서 이사장 할아버지와 변덕 할아버지가 이야기 중이었다.

'이제 휠체어도 타시고 많이 좋아지셨구나!'

호승이는 멀리서 두 사람의 대화를 지켜보았다.

변덕 할아버지는 평상시처럼 불뚝거리며 계속 말을 했다. 이사장 할아버지는 두 손을 모으고 휠체어에 앉아 있었다. 가끔 고개를 끄덕이는 모습이 맞장구를 치는 모양새였다. 변덕 할아버지는 쉴 새 없이 이야기를 했다.

드디어 두 사람의 이야기가 끝났다. 요양 보호사님이 변덕 할아버지의 휠체어를 밀고 방으로 가기 위해 방향을 틀었다. 그 순간 변덕 할아버지가 호승이를 보았다.

"왔으면 올라가서 할아버지들 심부름을 해야지, 왜 그러고 있어?"

변덕 할아버지가 퉁명스럽게 말했다.

"곧 올라갈 거예요."

"말만 봉사 활동이지, 원."

"호승이 잘하고 있어요. 괜히 또 심술부리시네요."

요양 보호사님이 변덕 할아버지를 달래며 방으로 올라갔다.

호승이는 이사장 할아버지에게 다가갔다.

"호승이 왔니? 봉사 활동 하는 날이구나! 시간 참 잘 가네."

이사장 할아버지는 창밖을 바라보며 말했다.

"그런데 할아버지, 변덕, 아니 변학봉 할아버지한테 왜 그렇게 쩔쩔

매시는 거예요?"

이사장 할아버지가 호승이를 돌아보았다.

"하하. 그렇게 볼 수도 있겠구나! 그런 거 없단다."

이사장 할아버지가 호승이에게 의자를 가리켰다. 호승이는 의자에 앉았다.

"잘 들어 보렴. 여기는 몸이 불편하거나 사정이 여의치 않아 가족들이 직접 돌볼 수 없는 분이 많단다. 그분들의 마음이 어떨까?"

"슬플 것 같아요."

"그렇지. 그런 마음을 가족에게 말하는 게 쉬운 게 아니야. 그럼 그 말을 누구한테 할 수 있겠어?"

"그럼……."

이사장 할아버지가 고개를 끄덕였다.

"그렇지. 결국 여기서 일하는 분이나 나한테 하소연하는 거란다. 그럼 우리는 어찌해야 할까?"

"……."

"들어 드려야 해. 왜냐고? 요양원을 기업으로 따지면 어르신들은 우리의 고객이지. 고객의 마음의 소리를 누가 들어 주지? 바로 기업에서 들어야겠지. 기업은 고객이 없으면 존재할 수 없으니까. 잘나간다고 뽐

낼 것도 없고, 거만할 것도 없어. 자기 역할을 다했을 때 기업도, 내 자리도 존재하는 거란다."

"자세히는 모르겠지만 그런 것 같아요. 마음을 쓰다듬어 주는 것도 가장 중요한 부분인 것 같고요."

호승이의 말에 이사장 할아버지가 깜짝 놀라는 눈치였다.

"오, 너는 기업가 자질이 있구나!"

<u>군주의 권위는 자기 역할을 다할 때 생긴다.</u>
<u>진정한 권위는 선한 본성에서 나오며</u>
<u>세상이 주는 권력은 대단하지 않다.</u>
<u>즉, 인은 사람을 사랑하는 마음이요, 의는 올바른 일을 하는 것이다.</u>
<u>사람은 닭이나 개를 잃어버리면 찾으려고 하면서</u>
<u>마음을 잃고서는 찾을 줄을 모른다.</u>
<u>학문의 도는 그 잃어버린 마음을 찾는 것일 뿐이다.</u>

"《맹자》에 나오는 말이지. 이미 마음이 떠난 고객을 잡는 건 더 어려운 일이란다. 그러니 그 마음을 단단히 잡아야겠지. 오늘의 기업가 수업 끝!"

4장
맹자와 어머니

맹자 할머니의 강의

요양원 봉사 활동을 가는 길에 예진이가 맹자 할머니 얘기를 꺼냈다.

"맹자 할머니 눈이 점점 좋아져서 다행이야. 책도 조금씩 읽으실 수 있어. 할머니가 들려주는 맹자 이야기는 책보다 더 재미있어. 난 맹자 할머니를 만난 게 행운이야."

준성이가 예진이를 보며 말했다.

"예진아, 너는 좋겠다. 맹자 할머니와 친해서 말이야. 나도 할머니 뵙고 싶다."

"너도 가서 인사해, 그럼."

"안 돼. 나는 진짜 시간이 없어. 주말뿐이야. 그나마 공연을 토요일에 한다고 해서 얼마나 기뻤는데. 그렇지 않았으면 어려웠을 거야."

예진이가 골똘히 생각에 잠기더니 이렇게 말했다.

"맹자 할머니에게 부탁을 드리면 어떨까?"

"무슨 부탁?"

"우리 반 아이들에게 《맹자》 강의를 해 달라고 하는 거야. 어때?"

"우아, 그거 좋다. 할머니라면 쉽게 설명해 주실 듯."

세호가 엄지를 들어 올리며 대꾸를 했다. 준성이도 예진이를 향해 씩 웃었다.

205호로 들어간 아이들은 할머니들에게 인사를 한 다음 바로 얘기를 꺼냈다.

"할머니, 저희끼리 상의를 했는데요. 할머니가 저희 반에 오셔서 《맹자》 강의를 해 주시면 어떨까요?"

"내가? 난 잘 움직이지도 못하고, 이제 강의할 힘도 없어."

"그러지 마시고요. 저희한테 하는 대로만 해 주시면 돼요."

"글쎄……."

그때 이사장 할아버지가 들어왔다.

"뭐가 어려워? 가지 못하면 오라고 하면 되는 것을."

이사장 할아버지가 아이들을 돌아보았다.

"토요일에 강의 듣기를 원하면 요양원 강의실로 오라고 해라."

"정말이요? 와우! 대박!"

세호가 손뼉을 치며 좋아했다. 호승이가 세호의 옆구리를 툭 쳤다.

"너는 《맹자》도 안 읽었으면서 뭘 그렇게 좋아하냐?"

"얘가 몰라도 너무 모르네. 좋은 건 나눠 먹는 거라고 했어. 할머니 강의하실 때 나만 오겠어? 친구들도 오고 우리 엄마도 오지. 《맹자》는 우리만 읽으라는 법 있냐?"

이사장 할아버지가 옆에서 껄껄 웃었다.

"세호 네 말이 맞구나! 듣고 싶은 부모님도 함께 오면 좋겠다."

"이사장, 판을 너무 키우는 거 아닌가?"

"이봐요, 권용숙 교감 선생님. 그나마 말이라도 할 수 있을 때 알고 있는 지식 제대로 풀어 보라고. 선생님 그만둔 지 너무 오래되어 강의나 제대로 할지 모르겠네."

"이런, 이런. 썩어도 준치라는 말 몰라? 나 권용숙이야."

아이들이 두 사람을 보며 깔깔대고 웃었다.

토요일, 맹자 할머니 강의가 있는 날이었다. 호승이는 아침부터 엄마, 아빠에게 몇 번이나 다짐을 받았다.

"아이고, 알았어. 알았다니까. 걱정 마. 2시잖아."

엄마가 호승이를 보며 웃었다.

"여보, 그런데 빈손으로 가는 건 좀 그렇잖아?"

"안 그래도 요양원 어르신들 드시라고 고급 수제 카스텔라를 준비했어. 곧 배달될 거야."

"어머! 당신 그렇게까지 신경 썼구나! 난 생각도 못 했네."

호승이는 아빠를 향해 머리 위로 하트를 그렸다.

"우리 아들한테 기업가 수업을 시켜 주는 곳인데 이 정도쯤이야. 이렇게라도 감사의 마음을 전해야지."

"맞아, 여보. 생각해 보니 정말 감사한 일이네."

호승이는 엄마, 아빠의 대화를 들으며 고개를 끄덕였다.

드디어 강의실 도착. 2시가 되지 않았는데도 반 아이들 얼굴이 많이 보였다. 담임선생님도 있었다. 호승이는 준성이에게 다가가 물었다.

"엄마 오셨어?"

"응, 저기."

준성이 엄마는 새침한 얼굴로 구석에 다소곳이 앉아 있었다. 호승이가 달려가 넙죽 인사를 했다.

"안녕하세요? 저 준성이 친구 호승이에요."

"그래, 그래. 얘기 많이 들었어. 우리 준성이가 요즘 공연 덕분에 바이올린을 더 열심히 연습한단다."

"네, 오늘 와 주셔서 감사합니다."

"준성이가 꼭 참석해야 한다고 어찌나 생떼를 부리던지! 교감 선생님이 강의를 한다면서 말이야. 뭐, 들어 두면 좋을 것 같긴 하더라."

"네, 정말 멋진 분이세요."

어느덧 2시가 되었다. 마흔 명 정도 들어갈 수 있는 강의실이 거의 꽉 찼다. 부모님과 같이 온 친구들도 있었고 혼자 온 친구도 있었다. 문 옆에는 머리가 희끗한 아저씨와 아주머니가 앉아 있었다. 호승이는 학부모라고 생각했다.

드디어 맹자 할머니가 앞문으로 등장했다. 요양원 입원복이 아닌 빨간색 원피스를 입은 할머니의 모습이 무척 고왔다. 예진이는 너무 예쁘다고 손뼉을 쳤다.

예진이 엄마가 앞으로 나와 마이크를 잡았다.

"안녕하세요? 요양원에서 근무하는 인정미 사회복지사입니다. 오늘 강의를 들으러 온 은열초등학교 3학년 2반 박예진 학생의 엄마이기도 하고요."

박수가 쏟아졌다.

"오늘은 무척 특별한 날입니다. 강의를 해 주실 분은 초등학교 교감 선생님으로 은퇴하신 권용숙 선생님입니다. 이렇게 멋지게 차려입으니 다시 학생들을 가르치셔도 될 것 같습니다. 자, 여러분, 오늘 강의를 해 주실 권용숙 선생님을 모시겠습니다."

강의실에 모인 모든 사람들이 손뼉을 쳤다. 세호와 호승이는 휘파람을 불었다. 마이크를 잡은 맹자 할머니가 심호흡을 크게 했다.

"아이고, 이렇게 환영해 주니 다시 선생님이 된 것처럼 설렙니다."

맹자 할머니는 벅찬 듯 잠시 숨을 고르고 말문을 열었다.

"3학년 2반 여러분, 맹모삼천지교라는 말 잘 알고 있죠?"

"네!"

예진이였다. 호승이는 적극적인 예진이가 낯설었지만 그 모습이 무척 예쁘기도 했다.

"맹자는 세 번 이사를 했어요. 처음에 살았던 곳이 묘지 근처였죠. 그런데 매번 초상 치르는 모습만 보던 맹자는 관을 메고 무덤을 만드는 흉내를 냈어요. 놀란 어머니는 황급히 이사를 했어요. 이번에는 시장 근처였죠. 그랬더니 맹자가 장사꾼 흉내를 내지 뭡니까. 어머니는 또 이사를 했어요. 서당 근처로요. 며칠이 지나자 맹자가 글공부를 하는 거예요. 흉내를 내는가 싶더니 계속하면서 정말로 공부를 좋아하게 되었어요. 여기서 나온 말이 맹모삼천지교예요. 맹자의 어머니가 맹자에게 훌륭한 교육 환경을 만들어 주기 위해 세 번이나 이사했다는 뜻이지요. 부모님들이 다들 고개를 끄덕이시는군요. 우리나라 부모님들이 자식을 위해 최선을 다해 뒷받침해 주는 거랑 같지요."

함께 온 부모님들이 옅은 미소를 지었다. 그런데 어쩐지 맹자 할머니의 얼굴은 그다지 밝지 않았다.

참고 기다리면 돼

"저기 문 옆에 앉아 있는 두 사람을 보시겠어요?"

사람들의 눈이 일제히 문 쪽으로 향했다.

"제 아들과 딸이랍니다."

맹자 할머니의 아들과 딸은 얼른 일어나 공손하게 인사를 했다.

"저 아이들 이야기를 하려는데 괜찮은지 물어봐야겠네요. 어때, 괜찮겠니?"

맹자 할머니의 아들과 딸은 머리 위로 원을 그렸다. 맹자 할머니가 밝게 웃었다.

"굉장히 오래된 이야기라서 이제는 다 추억이 됐네요. 저는 40년 동안 교직 생활을 하고 교감으로 은퇴를 했지요. 사람들은 그러더군요. 선생이니까 자식들을 얼마나 잘 키우겠냐고 말이죠. 그런데 사실 저 너무 힘들었어요. 믿기지 않으시죠? 선생이라는 사람이 이런 말을 하는 게 말이죠."

맹자 할머니는 아들과 딸이 청소년기를 거치는 동안 힘들었던 이야기를 들려주었다. 부모님들은 진지한 자세로 필기까지 해 가며 맹자 할머니의 이야기를 들었다.

"그래요, 그때는 특히 우리 아들하고 자꾸 어긋났어요. 달래도 보고 윽박지르기도 했죠. 하지만 소용없었어요. 끝내는 학교도 가지 않으려고 하는 거예요. 선생 자식이 무단결석까지 하니 제가 얼굴을 들고 다닐 수 없었지요. 그때 우연히 서점에서 《맹자》 책을 만났어요. 바로 이 책이에요."

맹자 할머니는 모서리가 다 해진 낡은 책 한 권을 들어 보이더니, 돋보기를 쓰고 그중 한 구절을 읽었다.

제자인 공손추가 말했다.
"군자가 자식을 직접 가르치지 않는 이유가 무엇인지요?"
맹자가 대답했다.
"가르치는 사람은 반드시 올바르게 살 것을 강조한다.
부모가 자식을 바르게 가르쳤는데 자식이 착하고 바르게 행동하지 않으면
화를 내게 된다. 그러면 부모와 자식 간에 서로 사이만 나빠진다.

자식 쪽에서도 '부모님은 나에게 착하고 바르게 살라 하면서 부모님은 그렇게 행동하지 않는다.'라고 느끼면 부모 자식 간에 서로 마음만 상하게 된다. 그래서 옛날에는 서로 자식을 바꾸어 가르쳤다."

"이 글귀가 눈에 쏙 들어오는 겁니다. 그래서 저기 뒤에 있는 이사장한테 상의를 했지요. 그랬더니 자기 딸도 요즘 사춘기라고 자식을 바꾸어 살아 보자고 하는 겁니다. 그때 딱 1년을 떨어져 살았는데 아들과의 관계가 좋아졌습니다. 아마 여기 오신 부모님들도 다들 자식 가르치는 건 쉽지 않다고 느끼고 계실 거예요. 선생이란 사람도 그랬는데 어련하겠어요?"

맹자 할머니가 아들에게 눈길을 주었다.

"어떠니, 상윤아. 그때 마음이 어땠는지 말해 줄 수 있겠어?"

맹자 할머니의 아들은 고개를 끄덕이며 일어나 뚜벅뚜벅 앞으로 나갔다. 맹자 할머니가 다정하게 웃으며 마이크를 건넸다.

"우선 어머니께서 오랜만에 강의를 하셔서 기쁩니다. 편찮으신데 하루 종일 돌봐 드릴 수 없어서 아저씨의 요양원에 모셨어요. 늘 죄스럽습니다. 사춘기 때 생각하면 그냥 웃음도 나오고 내가 왜 그랬을까 싶기도 합니다. 그때 어머니는 자꾸 지방으로 발령을 받았습니다. 같이 사는 건 겨우 방학 때뿐이었어요. 방학이 되어 어머니가 집으로 오면, 저는 어리광을 받아 줄 어머니가 필요했는데 그 자리에는 엄한 선생님이 계시는 느낌이었죠. 그게 너무 싫었어요. 그래서 삐딱하게 굴었죠. 어리석었어요. 하지만 1년 동안 아저씨 댁에 살면서 어머니를 많이 이해하게 됐어요. 남의 집에서 사는 건 뭐랄까, 무척 잘해 주셨는데도 늘 긴장하게 되더라고요. 물론 좋은 점도 있고 힘든 점도 있지요. 하지만 얻은 게 더 많아요. 그 1년은 제 인생에서 잊을 수 없습니다. 저도 지금은 사춘기 자식이 있습니다. 저처럼 1년 동안 다른 사람 집에서 살아 보라고 보낼까 고민 중입니다."

맹자 할머니 아들의 눈에 눈물이 고였다.

"그때 저를 이해해 주려고 노력하셨던 거 압니다. 기다려 주셔서 감사해요. 어머니, 오래오래 건강하세요. 사랑합니다."

아들이 고개를 숙였다. 맹자 할머니도 살짝 눈물을 보였다. 강의실 여기저기서 코를 훌쩍이는 소리가 들렸다. 담임선생님은 이미 손수건으로 눈물을 닦고 있었다.

세 가지 즐거움

맹자 할머니는 《맹자》에 나온 글귀들을 쉽게 풀어 설명해 주었다. 반 아이들은 흥미로운 맹자 이야기에 쏙 빠져들었다. 예정된 강의 시간이 지나 예진이 엄마가 맹자 할머니에게 귓속말로 알려 드려야 할 정도였다.

"여러분, 아쉽지만 여기서 마쳐야 할 것 같네요. 딱 한 분한테만 질문 받을게요."

그러자 평소에 말이 없던 준성이가 손을 번쩍 들었다.

"《맹자》에서 가장 좋아하는 구절이 있으세요?"

밝은 햇살이 비춘 것처럼 맹자 할머니가 활짝 웃었다.

"좋은 질문입니다. 여러분, 윤동주 시인 알죠?"

"네!"

"그래요. 윤동주 시인은 해방을 몇 달 남겨 놓고 일본 감옥에서 숨을 거두었습니다. 윤동주 시인은 《맹자》를 무척 즐겨 읽었고, 특히 '군자삼락'을 좋아했다고 해요. 저도 너무 좋아하는 구절이지요."

> 군자에게는 세 가지 즐거움이 있다.
> 그러나 천하를 얻어 왕 노릇을 하는 것은 이 세 가지에 들지 않는다.
> 부모가 건강하게 살아 있고 형제가 무고한 것이 첫 번째 즐거움이요,
> 하늘을 우러러보고 땅을 굽어보아도
> 부끄럽지 않은 것이 두 번째 즐거움이요,
> 천하의 영재를 얻어 교육하는 것이 세 번째 즐거움이다.

"어떤가요? 그래서인지 윤동주 시인의 〈서시〉에는 부끄러움과 관련된 구절이 있어요. 이걸 우리 예진이가 읽으면서 강의를 마칠게요. 예진아, 나와서 읽어 보렴."

예진이가 앞으로 나가 할머니가 건넨 종이를 받아 들었다.

서시

윤동주

죽는 날까지 하늘을 우러러
한 점 부끄럼이 없기를
잎새에 이는 바람에도
나는 괴로워했다.
별을 노래하는 마음으로
모든 죽어 가는 것을 사랑해야지
그리고 나한테 주어진 길을
걸어가야겠다.

오늘 밤에도 별이 바람에 스치운다.

박수가 터져 나왔다. 강의실에 앉아 있던 모든 사람들이 일어났다. 맹자 할머니가 강의실에서 나갈 때까지 아이들이 휘파람을 불고 힘차게 손뼉을 쳤다.

호승이는 가슴이 벅찼다. 예진이는 훌쩍거리더니 결국 눈물을 터뜨렸다. 그러자 예진이 엄마가 안아 주며 등을 토닥였다.

이사장 할아버지가 말했다.

"이 책은 여기 온 친구들에게 주는 선물입니다. 가지고 있는 친구들 말고, 없는 사람들은 모두 한 권씩 가지고 가세요.《어린이 맹자》예요. 잘 읽고 오늘 강의 잊지 마세요."

"네! 감사합니다."

책을 받은 아이들은 팔짝팔짝 뛰었다. 책 선물을 가장 싫어하는 아이들이었는데 오늘은 달랐다.

호승이는 이 모든 것이 따뜻한 사랑에서 시작된 거라고 생각했다. 사람을 사랑하는 일이야말로 가장 중요하다는 진리를 다시 한번 깨달았다.

5장
공연 중단 위기

뜻밖의 전학

"갑자기 그러는 게 어디 있어?"

교실이 떠나갈 듯이 호승이가 소리를 질렀다.

"나도 몰라. 집이 천천히 나갈 줄 알았대. 그런데 들어올 사람이 급하다고 사정을 하더래."

"부산이라니. 부산이라니!"

세호도 당황해서 어쩔 줄 몰라 했다.

준성이가 갑자기 부산으로 이사를 가게 되었다는 것이다. 준성이 아빠가 부산으로 발령을 받아 내려갔다는 건 알고 있었지만 엄마와 준성이는 내년에나 내려갈 거라고 했었다.

"내가 더 속상하다는 거 알아? 너희들하고 떨어져서 머나먼 부산으로 가잖아."

준성이가 울먹였다. 세호는 준성이 어깨를 토닥였다.

"이따가 다시 이야기하자!"

수업이 끝나고 떡볶이를 먹으러 갔다. 예진이도 함께했다. 얼마나 속상한지 떡볶이라면 한 번에 두 개씩 찍어 먹는 준성이가 제대로 먹지를 못했다. 예진이가 안타까운 눈으로 바라보았다.

"준성아, 속상하지만 어쩔 수 없잖아."

그때 세호가 눈을 동그랗게 떴다.

"그럼 요양원 공연 때 준성이는 못 하는 거잖아!"

"이런! 그 생각을 못 했네."

호승이가 순간 인상을 찌푸렸다. 준성이가 호승이 눈치를 보았다.

"할 수 없지. 전학 간다는데 공연이 문제야?"

"공연도 큰일이잖아!"

예진이의 말에 호승이가 저도 모르게 부루퉁하게 대꾸했다. 세호가 탁자 밑으로 호승이 발을 슬쩍 찼다. 그제야 호승이가 예진이를 힐끔힐끔 보았다.

"네 무대는 순서에서 빼야지, 뭐."

"할머니, 할아버지들 좋아할 만한 곡으로 정말로 연습 많이 했단 말이야. 바이올린 선생님이 어느 때보다 열심히 연습한다고 칭찬도 해 주고, 엄마는 클래식도 그렇게 해 보라며 핀잔까지 줬는데……."

준성이가 끝내 눈물을 흘렸다.

"근데 너희 너무하는 거 아니야? 내가 멀리 전학을 가는데 슬퍼하지도 않냐?"

준성이가 울다가 버럭 화를 냈다.

"슬프지. 엄청 슬프니까 이렇게 너 좋아하는 떡볶이도 사 주려고 온 거잖아."

"그래? 알았어. 슬픈 거 맞지?"

준성이가 눈물을 쓱 닦고 떡볶이를 입에 넣었다. 볼이 미어지게 떡볶이를 먹는 모습을 본 다른 아이들이 키득키득 웃었다.

집으로 온 호승이는 책상 앞에 앉아서 공연 계획을 다시 짰다. 그때 엄마가 방으로 들어왔다.

"뭐 하는데 불러도 대답이 없어?"

"공연 계획 다시 짜야 해. 준성이가 부산으로 전학 가야 해서 준성이 빼고 다시 순서를 정해야 해."

"준성이가 전학을 간다고? 어머, 어머! 삼총사였는데 어쩌니. 너무 속상하겠다."

"응. 그런데 방학 때마다 서로 놀러 가고 놀러 오기로 했어."

"그럼 좋지."

엄마가 방에서 나가고 나서도 호승이는 머리를 쥐어짰다. 바이올린 켜는 친구도 올 거라고 자랑까지 했는데 걱정이었다.

소리가
나오지 않아

눈물을 쏟으며 준성이가 전학 갔다. 호승이는 공연에 참여할 아이들을 더 찾았지만 쉽지 않았다. 그런데 또 다른 일이 터졌다. 갑자기 세호의 목소리가 나오지 않는 거였다.

학교에 온 세호는 목을 잡고 호승이에게 힘겹게 말했다. 뭐라고 하는지 거의 들리지 않았다.

"뭐라고? 너 왜 그러는 거야? 크게 말해 봐."

세호가 다시 쥐어짜듯이 말을 했다. 호승이가 말을 못 알아듣자 답답하다는 듯 가슴을 때렸다. 그러더니 공책에 글자로 쓰기 시작했다.

- 아침부터 목소리가 나오지 않아. 오후에 엄마랑 병원에 갈 거야.

"왜? 너 뭐 잘못 먹었어?"
세호가 도리질을 했다.
"그럼 소리를 막 질렀어?"

　　- 노래 연습을 많이 하기는 했어.

호승이가 한숨을 푹 내쉬었다. 아찔했다. 준성이도 빠지고 세호도 무대에 올라가지 못하면 공연할 수 있는 팀이 별로 없었다.
"넌 가수가 꿈인 애가 목 관리 하나 제대로 못하냐? 바보같이!"
호승이는 이렇게 소리치고는 속상해서 교실을 나와 버렸다. 그러자 세호가 쫓아 나와서 호승이의 등을 주먹으로 때렸다.
"아야!"
세호는 씩씩거리더니 갑자기 울음을 터뜨렸다.
"야! 네가 왜 울어? 울 사람은 나야. 나도 속상하다고! 준성이는 전학 갔지, 너는 목소리도 안 나오지. 이제 어떡하냐고. 나야말로 울고 싶다고!"

호승이 눈에도 눈물이 그렁그렁 맺혔다.

급기야 세호가 교실로 돌아가 가방을 싸기 시작했다. 아이들은 무슨 일인가 싶어 멀뚱멀뚱 바라보기만 했다.

세호가 집에 그냥 가 버렸다는 말을 듣고 선생님은 바로 세호 엄마에게 전화를 했다.

"네, 네. 그렇군요. 집에 도착하면 연락 주세요!"

한숨을 내쉰 선생님이 아이들을 보며 말했다.

"세호가 어젯밤부터 목소리가 나오지 않았다네. 오후에 이비인후과 가기로 했다는데 왜 갑자기 말도 안 하고 간 거지?"

아이들이 흘끔거리며 호승이를 바라보았다. 그러나 누구도 말하는 사람은 없었다.

수업 시간 내내 호승이는 수업에 집중하지 못했다. 세호에게 버럭 화를 낸 것이 내내 걸렸다.

받아들이는 연습

호승이가 요양원 205호에 들어서자 맹자 할머니가 혀를 끌끌 찼다.

"무슨 일 있는 게로군. 얼굴이 왜 그래? 점심 안 먹었어?"

예진이가 호승이 눈치를 살피며 설명했다.

"요즘 호승이가 공연 때문에 엄청 신경 쓰잖아요."

"그래. 이사장한테 들어 알고 있지. 얼마 남지 않았구나! 다음 주 토요일이네."

맹자 할머니가 벽에 걸린 달력을 보았다.

"준성이도 전학 가서 바이올린 공연도 없어졌는데 오늘은 세호 목소리가 나오지 않는 거예요. 그래서 호승이가 좀 속상한가 봐요."

맹자 할머니가 고개를 푹 숙이고 있는 호승이에게 가까이 오라고 손짓했다. 그리고는 호승이의 손을 잡고 토닥였다.

"호승아, 많이 힘들겠구나! 네가 기업가가 되고 싶어서 여기서 봉사 활동을 하기로 했다는 건 잘 알고 있다. 그런데 말이다.《맹자》에 이런 글귀가 있더구나."

<u>장차 어떤 사람에게 큰일을 맡기려고 할 때는</u>
<u>반드시 그의 마음을 괴롭게 하고 뜻을 흔들어 고통스럽게 하고,</u>
<u>그 몸을 지치게 하여 배를 곯게 한다.</u>
<u>또한 가난하게 만들어 하는 일마다 뜻대로 되지 않게 한다.</u>
<u>그 이유는 더욱 분발하고 참을성이 많은 사람으로 성장해</u>
<u>큰일을 능히 해낼 수 있게 하기 위함이다.</u>

"어떠냐? 맹자님도 말하지 않니? 네가 무엇을 하든 시련은 분명히 온단다. 이건 호승이 너뿐만이 아니야. 세상 사람 모두 원하는 자리를 거저 얻은 사람은 한 명도 없단다. 그만큼 마음을 굳건히 해야 하고자 하는 일을 해낼 수 있다는 말이지. 이번 공연도 네 마음이 무척 힘든 만

큼 얻어지는 것도 많을 게다. 그러니 너무 속상해하지 마라."

"정말 그럴까요? 그래도 공연이 너무 없어 보일까 봐 걱정이에요."

"그건 중요하지 않아. 단 5분 공연이라도 여기 있는 사람들은 즐거워할 거야. 네가 얼마나 열심히 준비한 줄 아니까."

예진이가 밝게 웃으며 호승이 팔을 툭 쳤다. 호승이는 그제야 피식 웃었다. 얼른 봉사 활동을 끝내고 세호에게도 사과해야겠다고 생각했다. 얼마나 연습을 많이 했으면 목소리가 나오지 않을 정도인지, 그것부터 걱정했어야 하는데 그러지 못했기 때문이다.

"나는 가끔 욱하는 것 같아."
3층으로 올라가는 계단 앞에서 호승이가 자기 머리를 쥐어박으며 울상을 짓자 따라 나온 예진이가 깔깔거리며 웃었다.
"참, 공연에 시 낭송도 하면 어떨까 싶어. 맹자 할머니가 좋아하는 윤동주 시인의 시 어때?"
"와, 그거 좋다. 어떻게 그 생각을 했어?"
"공연 시간이 줄어 네가 너무 걱정하는 것 같아서 수업 시간 내내 궁리 좀 해 봤어."
호승이는 뒷머리를 벅벅 긁었다. 예진이는 늘 호승이보다 한 수 위였다.
"맹자 할머니에게 낭송할 만한 좋은 시 추천해 달라고 할게. 그러니까 너무 걱정 마. 그리고 이거."
예진이가 초콜릿을 건넸다.

"지난번에 네가 준 목캔디 잘 먹었어. 너도 이거 먹고 힘내라고."

"아, 고마워."

얼굴이 토마토처럼 붉어진 호승이가 계단을 뛰어 올라갔다.

변덕 할아버지는 호승이를 보자마자 불퉁스럽게 말을 건넸다.

"세호란 녀석은 벌써 빠진 거야? 그럼 그렇지. 얼마나 가나 했다. 요즘 애들은 참을성이 없어, 참을성이!"

"아니에요. 아파서 학교도 조퇴했어요."

그러자 변덕 할아버지는 흠흠 헛기침을 했다.

"많이 아픈 거야?"

"목소리가 갑자기 안 나온대요."

변덕 할아버지는 아무 말도 하지 않고 침대에 도로 누웠다.

변덕 할아버지가 위험해!

"변학봉 어르신, 산책 나가실 시간이에요. 준비하세요."

호승이는 요양 보호사님과 같이 변덕 할아버지를 1층 출입문까지 모시고 갔다.

"할아버지! 산책 잘 다녀오세요."

호승이는 손을 흔들어 배웅을 했다. 그러고는 303호로 다시 올라가 다른 할아버지들을 도왔다.

그런데 잠시 후 정문으로 나가 보니 요양 보호사님은 보이지 않고 변덕 할아버지 혼자 정문 앞에 있는 것이 보였다.

그때 정문 앞에 자동차 한 대가 도착했고, 면회를 왔는지 사람들이 우르르 내렸다. 변덕 할아버지는 사람들을 피하려고 휠체어를 직접 움직여 산책길에 있는 경사로로 진입했다. 그런데 갑자기 휠체어가 제멋대로 구르기 시작했다.

"안 돼!"

호승이가 잽싸게 달려가 간발의 차이로 할아버지의 휠체어를 잡을 수 있었다. 그때 요양 보호사님이 헐레벌떡 뛰어왔다.

"큰일 날 뻔했어요. 어르신, 제가 잠깐 화장실에 다녀올 테니 기다려 달라고 했잖아요."

"내가 성질이 급하잖아!"

아마 호승이가 아니었으면 큰 사고가 났을 것이다.

"죄송해요. 화장실이 너무 급해서……. 호승아, 고맙다. 정말 큰일 날 뻔했어. 아니, 근데 호승이 너 발을 다친 거야?"

호승이가 발을 살짝 절었다. 요양 보호사님이 주저앉아 호승이의 발목을 만져 보았다.

"악!"

호승이가 비명을 질렀다. 그때 언제 왔는지 세호가 안타까운 얼굴로 호승이의 발목을 내려다봤다.

"이를 어째. 의사 선생님한테 가야겠다."

요양 보호사님은 변덕 할아버지를 안전한 벤치 옆에 모셔 두고, 세호와 함께 호승이를 부축해서 진찰실로 데려다주었다. 다행히 살짝 접질렸을 뿐 크게 다친 건 아니었다. 그래도 며칠은 조심해야 했다.

"세호 너, 왜 왔어? 병원 간 거 아니었어?"

뒤늦게 호승이가 물었다. 세호는 종이를 꺼내 글을 쓰기 시작했다.

- 그냥 가 버려서 미안하다.

"아니야, 내가 먼저 소리 질렀는걸. 바보 같다고 했던 거 정말 미안해. 속상해서 그랬어."

- 알아. 준성이도 전학 가고 나까지 이렇게 되었으니까.

그때 진찰실로 예진이가 휠체어를 탄 맹자 할머니와 함께 들어왔다.
"괜찮니? 다쳤다고 하길래 가만있을 수 없어서 내려와 봤어."
세호는 목소리도 나오지 않으면서 맹자 할머니에게 손과 발을 사용해서 설명했다. 그 모습이 너무 귀여워서 호승이가 피식 웃었다.
"그러니까 변학봉 할아버지를 구하려고 냅다 달렸다는 거구나!"
호승이가 고개를 끄덕였다. 맹자 할머니가 손뼉을 쳤다.
"이러니 맹자님의 성선설이 맞고말고."
"할머니, 맹자 책에서 봤어요. 성선설."
예진이가 알은체를 하며 방긋 웃었다.

사람들에게는 남의 어려움을 보면
차마 지나치지 못하는 어진 마음이 있다.
사람들은 어린아이가 우물에 빠지려고 하면
깜짝 놀라서 불쌍한 마음을 가지게 된다.
이것은 어린아이의 부모와 친해지려는 것도, 마을 사람들이나
친구에게 자상하다는 칭찬을 듣기 위해서도 아니고,
잔인하다는 소리를 싫어해서도 아니다.

"변학봉 할아버지가 그렇게 잔소리를 해도 너에게는 이미 사람을 불쌍히 여기는 측은지심이 있었던 거다. 그게 바로 맹자님이 가장 중히 여겼던 성선설이라는 거야. 인간은 태어날 때부터 선한 마음을 가졌다는 뜻이지."

맹자 할머니의 말에 세호가 호승이를 향해 양손 엄지를 올렸다. 호승이는 그렇게 먼저 찾아와 사과해 준 세호가 무척 고마웠다. 세호도 선한 마음을 가진 게 틀림없었다.

정말로 괜찮아지고 있어

 며칠이 지나자 호승이의 발목은 괜찮아졌다. 변덕 할아버지는 호승이와 세호가 오면 먹을 것부터 챙겨 주기 바빴다. 무엇보다도 다행스러운 것은 세호의 목소리가 점점 돌아오기 시작했다는 것이다. 하지만 아직까지는 쇳소리가 나서 공연 전까지는 연습을 아예 중단했다.
 "세호야, 맹자님이 그러시는데 큰일을 할 사람에게는 마음을 괴롭히는 일이 생긴대. 그러니까 너도 크게 될 건가 봐."
 호승이는 이렇게 세호를 위로했다.
 "와, 너 맹자 책을 다 외웠어? 대단하다."

"내가 쫌 대단하지. 나 손호승이라고."

"잘났다, 잘났어!"

세호와 호승이는 서로 장난을 쳤다.

공연일이 얼마 남지 않았다. 강당은 이사장 할아버지가 멋지게 꾸며 준다고 했다. 호승이는 공연에 참가할 아이들의 연습이 끝났는지 확인했다. 먼저 태권도 팀의 리더인 관영이에게 물었다.

"태권도 팀의 합은 다 맞췄어? 공연 준비에 이상 없겠지? 리허설은 그날 아침에 할 거야."

"걱정 마. 고난이도 기술은 검은 띠가 맡았고, 다른 아이들은 단체로 태권도 품새를 선보일 거야."

"멋지다. 고마워."

관영이는 그런 호승이가 낯설다는 듯 말했다.

"손호승, 네가 나긋나긋하니까 어쩐지 이상하다. 하던 대로 해!"

호승이가 뒷머리를 긁적이자 옆에 있던 지훈이까지 깔깔 웃었다. 다음은 댄스 팀인 윤미와 서연이였다.

"너희들, 댄스 연습 다 된 거지? 이제 며칠 남지 않아서 말이지."

"완벽 그 자체야! 그치, 서연아?"

"당연이지. 아이돌 댄스의 진수를 보여 줄게. 민서도 같이 출 거야.

아, 맞다. 댄스 학원에서 만난 아이들 두 명도 같이 연습했어. 그러니까 총 다섯 명이 올라갈 거야."

"그래? 기대할게. 그리고 고마워."

그러자 윤미와 서연이가 서로 얼굴을 바라보며 알쏭달쏭한 표정을 지었다.

"너 말랑말랑해졌다. 너 같지는 않지만 듣기는 좋네."

윤미와 서연이가 키득키득 웃었다.

점심시간이 끝나 갈 무렵이었다. 선생님이 호승이를 불렀다. 선생님은 뜸을 들이며 쉽게 말을 꺼내지 못했다.

"저기, 그날, 요양원 공연일에 말이야……."

"네, 무슨 일인데요?"

"사실, 선생님 어렸을 때 꿈이 성악가였거든. 혹시 노래 한 곡 불러도 될까? 노래는 '어머니의 마음'이 어떨까 싶은데."

호승이가 깜짝 놀랐다. 담임선생님까지 참여한다니 천군만마를 만난 것처럼 든든했다.

"물론이에요, 선생님. 정말 고맙습니다!"

호승이와 세호 그리고 예진이가 힘찬 발걸음으로 요양원으로 향하는데, 호승이의 전화가 울렸다. 준성이었다.

"한준성, 오랜만이다. 부산 사나이 다 된 거야? 지금 세호랑 예진이도 같이 있어. 스피커폰이야."

"그래? 얘들아, 안녕!"

"안녕, 준성아. 잘 지내지? 벌써 보고 싶다."

예진이가 살갑게 인사했다.

"한준성, 너 새로운 친구 사귀어서 우리 잊어버린 건 아니지?"

"그걸 말이라고 하냐? 너희나 나 잊지 마. 그리고 기쁜 소식 전하려고 전화했어."

아이들이 귀를 쫑긋 세웠다.

"나 이번 주 토요일에 하는 공연에 갈 수 있겠어."

"뭐라고? 아니, 어떻게?"

세 사람은 합창하듯 물었다.

"내가 공연 못 하는 걸 계속 아쉬워했거든. 결국 엄마, 아빠가 갑자기 전학시킨 것도 미안하다면서 가자고 하더라. 금요일에 올라가서 이모네 집에서 자기로 했어. 그러니까 내 공연 시간 꼭 빼놔야 해. 알았지?"

반가운 소식에 세 사람은 길거리에서 팔짝팔짝 뛰며 좋아했다.

"정말 잘됐다. 참, 그날 담임선생님도 노래를 부른다고 했어."

"와우! 정말 꼭 가야겠다. 진짜 기대된다. 우리 그날 보자. 금요일 저녁에 올라가서 전화할게."

준성이의 목소리도 들떠서 날아갈 것만 같았다.

"그래, 조심해서 올라와. 기다릴게, 친구야!"

호승이가 전화를 끊었다.

세 아이들은 서로 얼굴을 마주 보더니 손을 잡고 뱅글뱅글 돌았다. 길을 걷던 사람들이 웃으며 아이들을 바라보았다.

6장
짜릿한 성공

함박웃음

토요일 아침, 호승이는 일찍 일어났다. 날씨가 맑아 다행이었다.

"잘 잤어? 오늘 공연 때문에 떨리지는 않고?"

엄마가 물었다.

"나는 사회만 보는걸. 무대에 올라가는 애들이 더 떨리겠지."

매주 토요일이면 등산이나 골프 약속을 잡던 아빠도 오늘만큼은 다른 약속을 잡지 않고 호승이가 기획한 공연에 꼭 참석할 거라고 했다. 호승이는 어쩐지 어깨가 무거웠다.

"호승아, 그동안 열심히 했으니까 이제 공연을 즐겨."

아빠가 호승이 머리를 쓰다듬었다.

'그래, 다들 열심히 준비했으니까 할머니, 할아버지들도 즐거워하실 거야.'

아침을 먹자마자 호승이는 요양원으로 달려갔다. 강당에는 이사장 할아버지가 벌써 와 있었다.

"호승이 일찍 왔구나! 어떠냐?"

강당은 풍선으로 멋지게 장식이 되어 있었다. 강당으로 오지 못하는 할머니, 할아버지들을 위해 방에서 편안히 볼 수 있도록 카메라까지 동원되었다.

할머니, 할아버지, 건강하세요! 사랑합니다!
-은열초등학교 3학년 2반 일동-

"와, 플래카드 너무 멋져요. 예쁘게 만들어 주셔서 감사합니다."

"내가 더 고맙지. 어르신들을 위해 어린 너희들이 이렇게 공연을 해 주니 말이다."

이사장 할아버지가 활짝 웃었다. 밖에서 웅성거리는 소리가 나더니

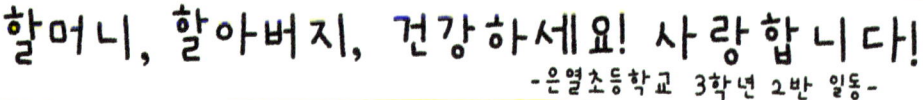

강당 문이 열렸다. 리허설을 위해 무대에 올라가는 아이들이었다.

"호승아, 나 왔어!"

가장 먼저 준성이가 뛰어왔다. 바이올린을 멘 준성이가 든든해 보였다. 어젯밤에 한참 통화를 했는데도 반가웠다. 뒤이어 담임선생님도 도착했다.

"애들아, 너희들이 자랑스럽다!"

"저희도 선생님이 오셔서 좋아요."

세호가 너스레를 떨며 손하트를 날렸다. 아이들이 깔깔대고 웃었다.

담임선생님과 이사장 할아버지는 인사를 하고 의자에 나란히 앉아 아이들의 리허설을 지켜보았다.

아이들은 진지하게 리허설을 했다. 댄스 팀은 역시 댄스 학원에 다닌 실력이 물씬 났다. 아이돌 춤을 하나도 틀리지 않고 똑같이 추었다. 관영이와 지훈이를 선두로 한 태권도 팀은 겨루기도 실전 같았고 태권도 품새도 한 사람인 것처럼 멋졌다.

호승이가 걱정스런 마음으로 이사장 할아버지와 담임선생님 쪽을 흘깃거렸다. 두 분 모두 만족한 얼굴이었다. 호승이는 그제야 안도의 한숨을 내쉬었다.

담임선생님은 같이 온 친구의 전자 피아노에 맞춰 노래를 불렀다.

노래를 잘하는 건 이미 알고 있었지만 공연으로 들으니 훨씬 멋지고 아름다웠다.

공연을 30분 정도 남기고 부모님과 아이들이 속속 도착했다. 부모님들은 할머니, 할아버지들을 위한 간식을 준비해 왔다. 공연 10분 전부터 요양원의 할머니, 할아버지들도 강당에 모여들었다. 변덕 할아버지가 호승이를 향해 엄지손가락을 척 들어 올렸다. 용기를 얻은 호승이는 활짝 웃었다.

드디어 공연이 시작됐다. 호승이는 떨리는 마음으로 마이크를 잡고 무대 중앙에 섰다.

우물은
끝까지 파야 한다

"안녕하세요, 할머니, 할아버지! 저는 은열초등학교 3학년 2반 손호승이라고 합니다. 요양원에서 봉사 활동을 하면서 할머니, 할아버지들이 많이 웃으시면 좋겠다 싶었어요. 이사장 할아버지와 맹자 할머니께 배운 맹자님의 가르침을 실천하기 위해 이렇게 재롱 잔치까지 준비하게 되었습니다. 많이 웃으세요. 그리고 오래오래 사세요. 첫 번째 무대는 댄스 팀의 공연을 준비했습니다."

윤미, 서연이, 민서와 댄스 학원 친구들이 계단을 뛰어 올라갔다. 화려한 조명은 아니지만 알록달록한 조명 아래서 옷을 맞춰 입고 춤을 추

었다. 연습을 엄청 많이 했다는 것을 한눈에 알아볼 수 있었다. 할머니들은 어깨를 들썩이며 손뼉을 쳤다.

이어지는 공연은 태권도 팀의 무대였다. 음악과 함께 태권도 품새가 시작되었다. 우렁찬 기합 소리에 맞춰 검은 띠인 관영이와 지훈이가 겨루기를 선보였다. 둘의 합이 잘 맞았다.

"잘한다! 최고다!"

변덕 할아버지의 목소리가 들렸다.

다음은 담임선생님의 차례였다.

"어르신들 안녕하세요? 저는 3학년 2반 담임 송윤아입니다. 저희 아버지도 요양원에 계셨는데 왜 이런 공연을 해 드릴 생각을 못 했을까요? 오늘은 어머니, 아버지들을 위해 노래를 해 보겠습니다. 오래오래 건강하세요. 그게 자식들이 원하는 겁니다."

반주가 흘러나오자 선생님이 눈을 지그시 감으며 첫 소절을 시작했다.

낳실 제 괴로움 다 잊으시고
기를 제 밤낮으로 애쓰는 마음
진자리 마른자리 갈아 뉘시며
손발이 다 닳도록 고생하시네
하늘 아래 그 무엇이 넓다 하리오
어머님의 희생은 가이없어라

아이들은 처음 듣는 노래였다. 그런데 딱 두 소절을 부르자 어른들의 눈시울이 붉어졌다. 할머니들이 훌쩍이는 소리가 들렸다. 이사장 할아버지도 작게 헛기침을 했다. 객

석에 앉아 있던 선생님의 어머니는 아예 손수건을 꺼내 눈물을 닦았다. 객석은 이미 눈물바다였다.

"선생님, 정말 멋졌어요. 이제라도 성악가의 길로 가 보시는 게 어떨지요? 그러면 우리 반도 숙제로부터 해방될 수 있을 텐데요. 3학년 2반 여러분, 그렇지 않나요?"

호승이는 분위기를 풀기 위해 농담을 던졌다.

"네!"

아이들이 크게 대답했다.

"다음으로 오늘을 위해 멀리 부산에서 올라온 한준성 군의 바이올린 연주가 있겠습니다. 모두 힘차게 박수를 보내 주세요!"

준성이는 바이올린 연주자처럼 당당하게 무대로 향했다. 그리고 바로 연주를 시작했다. 매번 클래식 음악만 연주했는데 오늘은 클래식과 민요를 접목한 신나는 곡을 메들리로 연주했다. 그동안 실력이 더 많이 늘어 있었다. 객석에 앉아 있는 준성이의 부모님도 고개를 끄덕이며 흐뭇한 표정을 지었다.

다음은 예진이가 준비한 시 낭송 코너였다. 맹자 할머니의 추천을 받은 윤동주의 시 〈참새〉와 〈흰 그림자〉였다. 아이들은 〈참새〉를 듣고 피식피식 웃었다.

대망의 하이라이트는 바로 세호의 트로트 무대였다. 세호는 반짝이 재킷에 멋진 중절모를 쓰고 등장했다. 맹자 할머니가 손뼉을 크게 쳤다. 변덕 할아버지도 휘파람 소리를 냈다.

"김세호, 멋있다!"

세호는 할머니, 할아버지들이 좋아할 만한 트로트를 세 곡이나 불렀다. 남진, 나훈아, 이미자의 노래였다. 호승이는 간드러진다는 표현이 무엇인지 정확히 알 수 있었다. 아이들도 어른들도 모두 입을 쩍 벌리고 무대를 지켜보았다. 신나는 노래에는 손뼉으로 장단을 맞췄다. 전국노래사랑도 참가하고 트로트 대회에서 상을 탄 경험도 있는 세호는 무대를 단숨에 휘어잡았다.

할머니, 할아버지들이 덩실덩실 어깨춤을 추었다. 최고였다. 역시 기대를 저버리지 않았다. 박수가 잠잠해질 무렵 호승이가 다시 마이크를 잡았다.

"할머니, 할아버지, 어떠셨나요? 저희가 준비한 공연은 여기까지입니다. 봉사 활동을 하면서 할머니, 할아버지들께 많이 배웠어요. 할머니, 할아버지들이 계셨기에 저희들이 있다는 것도 알아요. 감사합니다. 고맙습니다. 건강하세요. 이상……."

"잠깐만!"

객석에 앉아 있던 맹자 할머니가 외쳤다. 호승이가 맹자 할머니에게 마이크를 건넸다.

"은열초등학교 3학년 2반 어린이들, 고맙습니다. 제가 선생이었을 때도 어린이들과 지내는 것이 행복했는데 이렇게 어린이들이 요양원까지 봉사 활동을 와 주어 감사합니다. 우리 요양원 사람들을 대표해서 감사의 마음을 전합니다. 공연을 준비하면서 어려움이 많았죠? 다 알고 있어요. 《맹자》에 이런 글귀가 나옵니다."

> 하고자 함이 있는 사람은 우물을 파는 것과 같다.
> 우물 파기를 아홉 길이나 내려갔다고 해도
> 물이 샘솟는 곳에 이르지 못했다면
> 그것은 우물을 버리는 것과 같은 것이다.
> 일을 해내려면 끝까지 해야 한다.
> 그렇지 않으면 아무리 고생을 해도 무의미한 것이 되고 만다.

"여러분이 판 우물은 늘 물이 보일 겁니다. 수고했어요. 여기까지 온 건 헛수고가 아니라는 거지요. 자랑스럽습니다. 3학년 2반 담임선생님, 아이들 정말 잘 가르치셨습니다."

맹자 할머니의 말씀에 담임선생님도 벌떡 일어나 정중하게 인사를 했다.

그때 변덕 할아버지가 손을 번쩍 들었다.

"나도 한마디 하고 싶소!"

마이크를 잡은 변덕 할아버지가 입맛을 다시는가 싶더니 금세 붉은

토끼 눈으로 변했다.

"우리가 여기에 늙고 몸이 불편해서 들어왔지만 사는 재미까지 잃은 건 아니란다! 정말 고맙다, 얘들아!"

번덕 할아비지가 손등으로 눈물을 훔쳤다.

강당까지 오지 못한 할머니, 할아버지들도 방에 걸린 텔레비전 화면으로 공연을 보았다. 다들 침대에 누워서 손뼉을 치고 노래를 따라 부르고 눈물을 훔쳤다고 전해 들었다. 그렇게 공연은 무사히 끝났다. 공연에 참여한 아이들과 관객으로 온 아이들은 방으로 돌아가는 할머니, 할아버지 한 분 한 분을 꼭 안아 드렸다.

진정한 기업가 정신

공연에 참여했던 아이들이 이사장실에 모였다. 넓은 이사장실이 좁아 보였다. 이사장 할아버지가 밝은 목소리로 말했다.

"오늘 고생들 했다. 요양원 생기고 나서 어르신들이 가장 즐거워한 날이구나! 그동안 왜 이런 생각을 못했을까 싶다."

그러더니 이사장 할아버지는 책상 위에 있는 《어린이 맹자》를 들어 보이며 말했다.

"저번에 나눠 준 책은 다 가지고 있지? 없는 친구들은 이따 받아 가렴. 마지막으로 너희에게 당부하고 싶은 말이 있다. 살면서 어려운 일이 생기거든 이 맹자 책을 꼭 보거라. 여기에 답이 있단다."

호승이와 예진이가 고개를 끄덕였다. 이사장 할아버지는 안주머니에서 봉투를 꺼냈다.

"호승아, 이거 받아라. 내가 주는 금일봉이니 이걸로 오늘 저녁 친구들하고 맛있는 것 사 먹으렴."

호승이 눈이 커졌다. 담임선생님이 고개를 끄덕이자 호승이는 봉투를 넙죽 받았다. 모두 손뼉을 치며 환호성을 질렀다.

"기업가가 꿈이라는 호승이에게 딱 맞는 맹자의 말씀이 있단다."

<u>제나라 왕이 맹자에게 물었다.</u>

<u>"음악에 대해 한말씀 해 주시오."</u>

<u>맹자가 말했다.</u>

<u>"혼자만 음악을 듣는 것과 친구들과 함께 음악을 듣는 것 가운데 어느 쪽이 더 즐겁겠습니까?"</u>

<u>"친구들과 함께 음악을 듣는 것이 더 즐겁겠지요."</u>

<u>"친구들 몇몇과 함께 음악을 듣는 것과 수많은 사람이 모여 음악을 듣는 것 가운데 어느 쪽이 더 즐겁겠습니까?"</u>

<u>"많은 사람이 모여 듣는 게 더 좋겠지요."</u>

"그렇습니다. 왕께서는 음악을 듣는 마음으로 백성들과 즐거움을 함께하십시오."

"이게 바로 '여민동락'이라는 거다. 기업가도 결국 모든 사람들과 함께 즐길 수 있어야 기업가로서 보람을 느낄 수 있는 거란다. 호승이 생각은 어떠냐?"

"네. 기쁜 일도 혼자보다 둘, 셋, 여럿이 기뻐해야 더 행복한 것 같아요. 기업가가 되어도 모든 사람이 행복할 수 있도록 노력할 거예요. 할아버지, 고맙습니다."

중국집에서 배부르게 음식을 먹고 나온 아이들이 손을 흔들며 헤어졌다. 예진이가 호승이에게 다가와 소곤거렸다.

"호승아, 너 오늘 사회 보는 거 멋졌어."

"응. 너도 시 낭송 좋더라."

예진이가 집으로 돌아가고, 호승이는 오랜만에 만난 준성이와 이대로 헤어질 수 없어 세호와 같이 호승이네 집에서 하룻밤 자기로 했다.

바닥에 누운 아이들이 실실 웃었다. 호승이가 책상 위에 있던 《어린이 맹자》책을 가져왔다.

"나 말이야. 맹자 할머니가 왜 날마다 맹자 책을 읽는지 이제 알겠어. 이번에 공연 준비를 하면서 깨달은 게 참 많아. 맹자님은 2천 년도 훨씬 전 사람인데 세상을 보는 지혜가 정말 대단해. 맹자님 좀 멋진 분인 듯."

"호승아, 그래서 책 속에 길이 있다고 하는 거다. 그걸 아직도 몰랐냐? 쯧쯧!"

"흥. 책도 안 읽었으면서 잘난 척은."

"내가 좀 잘나긴 했지."

세호가 으스대자 호승이와 준성이가 어이없어했다. 그러다가 피식피식 웃었다. 별말도 하지 않았는데 방에 웃음 바이러스가 가득했다.

"그런데 말이야, 손호승."

세호가 진지한 목소리로 말했다.

"너, 예진이 좋아하지?"

누워 있던 호승이가 벌떡 일어났다.

"무, 무슨 소리야?"

"못 알아듣는 척하기는. 준성아, 넌 어떻게 생각해?"

세호가 준성이를 보았다.

"나도 세호 말에 동의. 호승이가 예진이 보는 눈이 달라."

"왜들 이래?"

호승이가 시치미를 뗐지만 이미 얼굴은 빨개질 대로 빨개져 있었다.

"괜찮아, 괜찮아. 예진이한테 사귀자고 문자 보내 봐."

"못 해!"

"뭐야? 안 하는 게 아니라 못 하는 거잖아. 딱 걸렸어. 준성아, 호승이 잡아!"

준성이가 호승이 팔을 잡았다. 세호는 그 틈을 타서 호승이의 휴대 전화를 빼앗았다. 그러고는 얼른 대화창을 열어 예진이에게 메시지를 보내 버렸다.

- 나, 너 좋아해. 우리 사귀자!

놀란 호승이가 세호에게서 휴대 전화를 낚아챘다. 하지만 이미 예진이가 메시지를 읽어 버린 뒤였다. 호승이가 씩씩거렸다. 그때 메시지가 들어왔다.

- 내가 월요일에 파란색 원피스를 입고 나가면 예스!

호승이는 심장이 멎는 느낌이었다. 세호는 이미 둘이 사귀기라도 하는 것처럼 난리를 피웠다.

월요일 아침, 호승이는 교실 문을 열자마자 예진이가 파란색 원피스를 입고 아이들과 얘기하고 있는 모습을 보았다.

"으악!"

호승이는 자기도 모르게 괴성을 지르며 주저앉고 말았다. 뒤따라 들어온 세호가 예진이를 보며 갑자기 노래를 불렀다.

"누구는 좋겠다. 누구는 좋겠다."

호승이는 세호를 끌고 얼른 교실 밖으로 나왔다. 얼굴이 토마토처럼 빨개졌지만 입에서는 피식피식 웃음이 흘러나왔다.

"오늘부터 1일이네."

세호가 옆구리를 쿡 찔렀다.

"그러네."

그날은 하루가 어떻게 지나갔는지 모를 정도였다. 호승이는 맹자와 함께 얻은 것이 참 많다고 생각했다. 친구들의 마음과 예진이의 마음까지. 앞으로 학교생활이 훨씬 설레고 재미있어질 것 같았다.

나의 첫 인문고전 06

열 살, 맹자를 만나다

초판 1쇄 발행 2023년 3월 9일
초판 3쇄 발행 2025년 2월 24일

지은이 | 최이정
그린이 | 김기린
펴낸이 | 한순 이희섭
펴낸곳 | (주)도서출판 나무생각
편집 | 양미애 백모란
디자인 | 박민선
마케팅 | 이재석
출판등록 | 1999년 8월 19일 제1999-000112호
주소 | 서울특별시 마포구 월드컵로 70-4(서교동) 1F
전화 | 02)334-3339, 3308, 3361
팩스 | 02)334-3318
이메일 | book@namubook.co.kr
홈페이지 | www.namubook.co.kr
블로그 | blog.naver.com/tree3339

ISBN 979-11-6218-241-3 73810

값은 뒤표지에 있습니다.
잘못된 책은 바꿔 드립니다.

*종이에 베이거나 긁히지 않도록 조심하세요.
*책 모서리가 날카로우니 던지거나 떨어뜨리지 마세요. (사용연령: 8세 이상)
*KC마크는 이 제품이 공통안전기준에 적합하였음을 의미합니다.